国家出版基金项目
NATIONAL PUBLICATION FOUNDATION

近代散佚戲曲文獻集成·戲曲史料編
26
總主編 黄天驥

近代名伶傳略史料彙編

孫老乙等 著

山西人民出版社
三晉出版社

圖書在版編目(CIP)數據

近代名伶傳略史料彙編 / 孫老乙等著. —太原：山西人民出版社，2018.3
(近代散佚戲曲文獻集成 / 黃天驥主編)
ISBN 978-7-203-10265-6

Ⅰ. ①近… Ⅱ. ①孫… Ⅲ. ①戲曲家－列傳－中國－近代 Ⅳ. ①K825.78

中國版本圖書館CIP數據核字(2018)第018520號

近代名伶傳略史料彙編

主　　編　黃天驥
著　　者　孫老乙等
責任編輯　魏　紅　張仲偉
復　　審　劉小玲
終　　審　員榮亮
裝幀設計　謝　成

出 版 者　山西出版傳媒集團·山西人民出版社　三晉出版社
地　　址　太原市建設南路21號
郵　　編　030012
發行營銷　0351－4922220　4955996　4956039
　　　　　0351－4922127(傳真)
天貓官網　http://sxrmcbs.tmall.com　0351－4922159(電話)
E-mail　sxskcb@163.com　發行部
　　　　　sxskcb@126.com　總編室
網　　址　www.sxskcb.com

經 銷 者　山西出版傳媒集團·山西人民出版社
承 印 廠　山西出版傳媒集團·山西新華印業有限公司

開　　本　787mm×1092mm　1/16
印　　張　20
字　　數　173千字
版　　次　2018年3月　第1版
印　　次　2018年3月　第1次印刷
書　　號　ISBN 978-7-203-10265-6
定　　價　199.00圓

《近代散佚戲曲文獻集成》編委會

總主編　黃天驥

編　委　董上德　張繼紅　許石林　陳志勇

總策劃　越衆文化傳播·南兆旭

出版工作委員會

主　任　胡彥威

執行主任　張繼紅　姚　軍

副主任　梁晉華　莫曉東

監　製　徐　勝

委　員　周　威　劉小玲　徐　勝　顔海琴　何　瀅　林旭娜
張志杰　翟麗娟　王新斐　崔人杰　郭向南　史美珍
魏　紅　吉　昊　薛勇强　解　瑞　秦艷蘭　張仲偉
任俊芳

設計總監　李尚斌

設計製作　吴圳龍　莊生府　王秀玲

出版説明

一、近代散佚戲曲文獻集成鈎沉、梳理、選取十九世紀末到二十世紀中葉，散佚而獨具特色、頗具研究價值的戲曲文獻進行整理出版，以填補學術界在近代戲曲史史料方面的缺失。

二、叢書主要採取影印的方式整理出版，爲便於學界研究之需要，以忠實於原稿爲宗旨，對排版方式、原書内容的缺損、錯謁等均不做修復，在不影響内容的情況下僅對頁面的污損做了處理。

三、叢書作爲影印文獻，序言、附注、插頁皆予以保留，最大限度地保持原本原貌：單黑印刷的保持單黑色，彩色印刷的以原來的色彩進行印刷。

四、叢書分爲「理論研究編」「戲曲史料編」「名家文獻編」「曲譜和唱本編」四大編七十册。

五、「理論研究編」主要選取了近代重要的戲曲研究名家絶版多年的重要著作。其中，或有部分重要經典著作後期有再版，如王國維先生的宋元戲曲考，我們選擇早期稀見之「正音學會校本」版，原貌出版。

六、「戲曲史料編」則對史材、檔案、傳記等史料進行了整理。「名家文獻編」對著名戲曲表演藝術家的文獻進行了集中整理，包括海外版史料、報紙雜誌或期刊的專刊、各種個人專集等。這些史料或散於海外、或沉於故紙堆，因極富時代特色且具有原真性，又長期遊離於主流學術研究視野之外，因而其研究價值較爲突出。爲保持文獻原真性，對於期刊圖書廣告頁予以保留。

七、「曲譜和唱本編」主要對戲曲的曲譜和唱本進行了整理。曲譜和唱本是戲曲藝術傳承、演變、發展的主要載體之一，近代的曲譜和唱本很多是當時演出的戲本，故不少史料具有民間性，對於戲目發展的原生狀態具有很高的研究價值，如小唱本，因非常零散，多年來幾乎未見整理出版。

八、因叢書主要採用影印的方式，故海外出版的外文版未進行翻譯，維持海外原版之狀態，適合較高層次的讀者閱讀、研究。

九、叢書中，因原版的零散或者底本的其他狀況不便於影印的戲曲藝術散論叢編採取了重新錄入的方式進行排版，由本項目組進行了點校、審讀。

十、對於篇幅較小的原本書目，叢書進行了合編出版；對於合編册數爲兩册的，保持了原始書名；對於合編册數爲三册以上的，則按整理的類別，重新編訂書名。

十一、所選版本的頁碼標註，在保持原始頁碼的同時，重新編排了新頁碼；對於兩册以上合册出版的書目，做了目錄，便於讀者查找閱讀。

十二、爲保證叢書體例一致，序言、出版説明、版權頁等附文，皆採用了中文繁體編排。

鑒於編者水平有限，有不當之處，敬請方家指正，又因出版時間所限，定有諸多不足之處，亦請廣大讀者海涵。

總序一

黄天驥

戲曲，是我國在世界藝壇上獨樹一幟的綜合性藝術。如果從金元時期戲曲趨於成熟的階段算起，歷經明清兩代，到晚清民國時期，它已經走過了近七百年的道路，發揮過重大的社會影響。

戲曲，包括雜劇、傳奇乃至花部小戲等體裁，在不同的歷史時期，其内容、形式，不斷地變化融合，也經歷過好幾個不同的發展階段。進入晚清民國時期，隨着我國歷史和社會出現翻天覆地的變化，戲曲進入了非常獨特的歷史時期。對於中國文化和研究中國戲曲史而言，這是具有特别意義並且非常值得注意的歷史時期。

我國戲曲，元代以雜劇爲主流，明清兩代，劇壇以傳奇爲主，也兼演雜劇。但到了清代乾隆年間，朝廷經常在爲皇帝、皇太后祝壽的全國性節日，引進各種地方戲班，進入北京會演。以此爲契機，徽班以其精彩的表演和它易於爲群衆接受的特質，在京城落地生根，影響日益擴大。它融合了其他唱腔，形成了後來被稱爲「京劇」的新劇種。這時候，各處的地方戲，風起雲湧。至於曾在舞臺上流行的雜劇、傳奇，即使在某些方面結合時代的潮流，有所革新，但終究敵不過以徽班爲代表的清新、活躍、更接地氣的地方戲。愈到後來，屬於「雅部」的雜劇、傳奇，漸漸無人問津，走向衰落。從此，「花部」終於戰勝了「雅部」，中國的劇壇，經歷了一次重大的變化。

從晚清到民國，隨着政治經濟的變革，西方各種思潮包括文藝思潮，也陸續湧入古老的天朝。我國戲曲領域，與中國人民反帝反封建的鬥爭相聯繫，與資產階級政治運動相適應，也出現了深刻的改良活動。以京劇爲例，劇壇上呈現出與元明清三代不同的面貌和特點。

從金元以至明清，我國戲曲經過長期的創造、沉澱，在劇本創作上，特別在唱、做、念、打等表演技巧方面，都在不斷地完善。乾嘉以來，商業興旺，中心城市如北京、上海一帶，市場繁榮，觀衆日多，審美要求也日益提高。加以宫廷的大力提倡，各個地方戲種有了交流借鑒、互相影響、共同提高的機會。以京劇爲代表的「花部」，特別在表演藝術方面，日臻成熟，達到了中國戲曲史上的高峰。那時候，戲班衆多，名角迭出。咸豐、道光年間，京師出現以演老生見長的程長庚、余三勝、張二奎。這三傑，被稱爲「三鼎甲」。後來又出現譚鑫培、汪桂芬、孫菊仙三位傑出的老生演員，被稱爲「後三鼎甲」。他們的做派唱工，或如黄鐘大吕，慷慨沉雄；或如雁嘯長空，悲涼蒼勁。他們風格各異，而其共同之點：品行端正，敬業不懈，嚴肅地對待藝術創造。因此，他們被藝術界公認爲偶像，也受到廣大觀衆的尊敬。

到民國初年，觀衆喜愛老生的熱忱，逐漸轉换爲對旦角的追捧。當時京劇湧現出四大男旦。梅蘭芳以俊美的容姿，唱、做、念、打已達爐火純青的表演技藝，讓觀衆如癡如醉。程硯秋擅演悲劇，以青衣應工，幽韻哀情，如泣如訴，唱到劇中的悽楚之處，讓觀者感同身受。荀慧生則表情多變，做派風流活潑，有第一花旦的美譽。尚小雲嗓音圓亮高朗，在串演女性角色中透露着英勃之氣，他尤擅演刀馬旦，在旦角中自成一派。那時候，「梅、程、荀、尚」，紅透了中國劇壇。

可以説，清末民初，是中國戲曲發展的高潮時期，尤其是在表演技巧方面，更是發展到藝術的頂峰。這一點，和戲曲在繼承傳統的基礎上，在新舊交替的時代，審美觀念出現變化，演員們在劇本内容和演技方面，爲適應社會的需要，積極地醞釀有所變化、有所革新有關。當舊的政治體制被推翻，崇尚個性的潮流湧入劇壇，「四大名旦」們，也就不斷刷新劇目，即使演出傳統舊劇，也注意作適當的改造，注意程式的創新，甚至懂得追求人物形象的個性化。於是，整個清末和民國的劇壇，出現了讓人耳目一新的局面。

在這階段，藝壇上有一個現象，很值得我們注意，這就是圍遶着名角，出現了一批在文學上或在藝術上很有造詣的追隨者。他們不是戲迷或跟班，而是對名角有着很大影響力的藝術顧問或參謀，在戲班中，他們在很大程度上起着導演、編劇兼評論家的作用。像齊如山、羅癭公、陳墨香等人，他們文化根基深厚，社會經驗豐富，對新思潮有所瞭解。他們的加入，對清末民初戲曲走向高潮，産生了積極的作用。

由於有一批高水平的文化人，經常與名角們長期深入地接觸，瞭解名角們的生活，熟識演員們藝術創造的過程，也和當時的優伶界一起沉浮。他們用文字把舞臺上下種種見聞記錄下來，從不同的角度描述當時劇壇發展的足跡，這就給後人研究清末民初的劇壇，留下了極有價值的文獻。本叢書的「戲曲史料編」，便是力圖完整地搜集這一時期劇壇有關史料，方便研究者對當時劇壇有詳盡的認識，也爲人們進一步深入研究提供線索。

進入清中葉以後，我國戲曲表演，實際上已推行「演員中心制」，無論是京滬劇壇乃至各處地方戲，從戲班體制乃至舞臺演出，均以演員爲中心。越到清末民初，名角的作用越是壓倒一切。這樣的現象，在我國戲曲史上並不多見，也可以視爲戲曲表演發展到最高階段所呈現的獨特面貌。

由於演員表演的成就成了這一時期戲曲發展的標識，爲此，本叢書編選「名家文獻編」，輯錄了梅蘭芳、譚鑫培、周信芳等十一位藝術大師的文獻，其中包括演出報告、影集、雜誌、臨時特刊等文獻，以及社會各界對他們的述評和研究文章等等。通過此編，讀者既可以認識、學習一個個名角各自的表演特色、各自的藝術成就，也可以從總體上，綜合觀察這一歷史時期戲曲發展的趨向。

這套叢書，還列有「理論研究編」。

本來，從金元時代開始，戲曲已趨成熟，成爲人民大衆喜聞樂見的藝術形式，許多文人雅士，也參與到劇本的創作中，寫出了不少膾炙人口的名劇，被視爲「驅梨園領袖，總編修師首，捻雜劇班頭」的關漢卿，甚至還粉墨登場。但是，在戲曲理論方面，卻鮮有人認真思考。除了明末清初的李笠翁，寫了閒情偶寄，算是比較全面地總結戲曲劇本的創作和表演經驗的規律以外，幾百年來，即使是關心戲曲的名家，也祇作些蜻蜓點水式的評點，或者在書信中和朋友們發表些零星的想法，至多是在劇本的序跋中，涉及對劇本創作的思考。可以說，從古以來，我們傳統長於形象思維卻疏於邏輯思維的慣性，使古代戲劇家對戲曲缺乏系統性、學理性和歷史性的思考。

近代以來，國運日衰。隨着西方列强在軍事、經濟、文化方面的進入，我國不少精英人物，不得不考慮國家向何處去的問題。思想界和學術界的許多學者，往往在不同程度上，和西方學術有所接觸，直接或間接受到西方文化的影響，思維方式也有所改變。同時，他們也看到，與城市商業繁榮的局面相聯繫，包括戲曲在內的通俗文化，日益受到廣大群衆的歡迎，特別是戲曲的表演藝術突飛猛進，其影響甚至超出了國門。這種種因素，讓許多有識之士，再不把戲曲視爲不登大雅之堂的「小道」。這一來，戲曲理論的研究，逐漸爲學術界人士所關注。從王國維開始，學者們已把戲曲研究作爲一門專業性的學問。進入二十世紀的四五十年代，戲曲理論研究更成爲顯學。

當然，在清末民初，戲曲理論研究剛剛起步，但也取得了令人矚目的成果。後來，在抗日戰爭期間，在烽火連天、顛沛流離的日子裏，有些學者還孜孜不倦地進行戲曲研究，努力從理論上探索中華民族文化瑰寶的奧妙。有些學者追根溯源，探索戲曲發生發展的過程；有些則研究戲曲在不同時代的表現和特點，或者研究我國戲曲的形態；有人廣泛搜集和考索劇本劇目；有人致力於曲韻的研究；有人還注意對地方戲的論述，等等。可以說，清末以及民國時期的戲曲理論研究者，完全打破了傳統曲學評點餖飣支離破碎的方式，他們從不同角度，對戲曲藝術作系統性的研究，邁出了新的一步。即使有些地方，還待深入探討，但已爲後來的研究者打下了基礎。「篳路藍縷，以啟山林」，在我國戲曲研究學術史上，這一時期的學者功不可沒。其中，有些論著，具有經典性，直到今天，依然是戲曲理論研究者必讀的文獻。爲此，本叢書設置「理論研究編」，努力搜集讀者不易看到甚至已經絕版的論著，意在既保存珍稀資料，又爲學者們開展對這一階段劇壇的研究，提供更全面的幫助。

經過多年的努力，近代散佚戲曲文獻集成叢書終於面世。這套叢書的出版，填補了近代戲曲學術史的空白，對推進今天戲曲創作、表演和理論研究，也很有價值。特推介，是爲序。

二〇一五年六月十二日於中山大學中文堂

「戲曲史料編」序

陳志勇

我國戲曲已走過七八百年的歷史，給後世留下了豐富的史料文獻。一代代戲曲史研究者爬梳鈎稽，描繪出一條明晰的歷史發展軌跡。

元代有八十七年不開科取士，讀書人失去進身之階，重啓科考後，即便中式也只能沉鬱下僚，難以一展經國治世之志，他們將自己的聰明才智和複雜情緒一起投入雜劇創作中，促進了元雜劇的繁榮；但由於受制於客觀條件，元代的戲曲史料存世較少。南方的戲文，情況也好不到哪裏去。早期的南戲，「宋人詞益以里巷歌謡」，鄙俚淫逸，難以博得上層文人的關注和參與，儘管生活在社會底層的書會才人競相創作，但能留存下來的劇本信息和文獻記載也是吉光片羽。近代以來，一大批前輩學人如顧隨、趙景深、鄭振鐸、馮沅君、錢南揚等，從明清曲籍中鈎沉宋元南戲佚曲劇目二百多種，補上了缺失的一環。

元代末期，來自南戲發源地温州的進士高則誠創作了琵琶記，從此改變了上層文人不重視戲曲的局面。高則誠以近乎完美的藝術表現和精彩的文學呈現，讓琵琶記成爲後世戲曲的典範，也開了文人傳奇的先河。從琵琶記開始，戲曲史料逐漸豐富起來，關注和記載戲曲信息的文獻逐漸多起來，社會各階層參與戲曲活動的熱情高漲起來。我們可以看到明朝中晚期，戲曲真正成爲全民娛樂消費的對象。

十八世紀晚期，隨着崑曲的衰落、花部戲曲的崛起，花雅競爭和互融同時進行，地方劇種成爲我國劇壇的主宰者。京劇正是在此背景下誕生並趨完善、繁榮的。可以説，京劇是融匯我國古代戲曲藝術衆川精華之大成者，是繼崑劇之後藝術水平最高的一個劇種。京劇大繁榮的時間段正是在晚清及民國時期。現在編纂近代散佚戲曲文獻集成叢書的戲曲史料編，可謂順應了我國古代戲曲發展的歷史走向，順應了近代以來戲曲研究的大趨勢。

一

任何歷史研究，史料都是基石，戲曲史的研究也是如此。在戲曲史料編中有内容極爲豐富的五十年來北平戲劇史材 北平國劇學會陳列館目録 國立北平圖書館戲曲音樂展覽會目録等戲曲史料或戲曲文物目録的彙集，也有近代名伶的生平傳記、舞臺藝術史料，如同光朝名伶十三絶傳略 皖優譜 男女名伶小史 梨園佳話等，它們既反映出晚清民國名伶的譜系，也折射出這一時期戲曲發展的基本面貌。此外還有史料搜集與整理方面的著作整理昇平署檔案記 昇平署月令承應戲等，這些稀見史料對近代戲曲研究意義重大。

史料的搜集，實質上關涉學人的眼界和觀念。什麽樣的史料是有價值的、值得納入囊中，這需要學人憑藉自身的史識作出判别。五十年來北平戲劇史材即充分體現出編輯者周明泰高遠的視野和廣博的學識。這部史材收納了從光緒八年（一八八二）到民國二十一年（一九三二）整整五十年間北京的數百張戲單，涵括普慶班、四喜班、鴻慶班、三慶班、同春班、同慶班、永慶班、雙奎班、增桂班、義順和班、天慶班、福壽班、玉成班、慶壽班、雙慶班、承平班、寶勝和班、太平和班、吉祥班、鴻盛和班等數十個名班，以及譚鑫培、楊月樓、孫菊仙、梅蘭芳、程硯秋、荀慧生、尚小雲、馬連良等衆多京劇名角。透過戲單中藴含着的各種演劇史料，我們可以看到戲班演出場地與劇目的關係、劇目次序與伶人的對應關係、劇目的差異與不同觀衆的審美取向及民俗含義、劇目的五十年變遷軌跡等内容。同時，在戲單中還能看到伶人的譜系流變，如譚鑫培家族中子弟的成長史，譚富英、譚小培、譚世英、譚春仲、譚盛英、譚文玉、譚春同、譚金昇在戲單中出現的時間、各自行當的分工、劇目的分佈等等。此外，通過戲單還能看到崑曲劇目與皮黄劇目的搭配，光緒年間雙慶班在大演皮黄戲的同時也間演游園驚夢 風箏誤 拷紅 斷橋 寧武關等崑曲折子戲。可以毫不夸張地説，若將五十年來北平戲劇史材中一張張戲單所包含的豐富戲曲文化信息連綴起來，就是一部北京晚清民國五十年戲曲發展史。

有時候，史料的得來，純在偶然之間，這需要研究者對雜亂無章的史材作進一步的整理。整理昇平署檔案記依靠的史料是一九二四年朱希祖在北京宣武門偶然購得的昇平署檔案及鈔本戲曲共六七百種、一千數百册。在這部著作中，朱希祖對昇平署檔案作了詳細分類，分爲日記檔、差事檔、花名檔、旨意檔、恩賞檔及分錢檔各類。該書的内容首發於一九三一年的燕京學報第十期，成爲今天研究昇平署檔案的重要參考文獻。

在衆多戲曲史料中，齊如山的北平國劇學會陳列館目錄和國立北平圖書館編國立北平圖書館戲曲音樂展覽會目錄，十分引人注目。這兩部印行於二十世紀三十年代的戲曲史料目錄，内容極爲龐雜。

齊如山的北平國劇學會陳列館目錄與北平國劇學會有關。創建於一九三一年十二月的北平國劇學會，是由梅蘭芳、余叔巖、齊如山等人聯名發起組織的一個民間京劇團體。國劇學會創設的陳列館，收藏各種大小戲曲文物十萬多件，齊如山將之整理，列成細目。目錄包括内務府檔案、昇平署劇本、戲班文物、戲曲圖表、相片、樂器、唱片。尤值一提的是，目錄包含大量内務府演劇檔案，其中涉及戲班進呈内務府花名册、戲單、清宮戲箱砌末檔案、傳差賞銀及示諭戲班檔案等；而昇平署檔案，更是種類繁多、琳瑯滿目，包括花名册賞單戲目、王府進呈本、御筆改訂本、崑曲安殿本、皮黄安殿本、弋陽腔安殿本、梆子安殿本、曲譜存庫本、提綱存庫本、排場本、穿戴提綱本、串頭提綱本、砌末提綱本等多個科目。從時間跨度上看，較早的内廷演劇檔案有乾隆十六年皇太后六旬萬壽奏案簿，最晚的檔案、劇本直至光緒末年。北平國劇學會陳列館目錄收羅極爲龐雜，説明整理者的視野相當寬廣。事實上，齊如山的戲曲研究從宮廷演劇到民間演劇習俗、從戲曲藝術本體到戲曲文學、從戲曲文物到戲曲文獻都有涉及，並取得相當高的學術建樹。

國立北平圖書館戲曲音樂展覽會目錄分戲曲撰著部、戲曲文獻部、樂書部、樂器部等部類，尤其以戲曲撰著部收錄最富，涉及曲作、曲譜、曲選、曲話、曲律及近人戲曲研究專著等多個方面。展覽會參展的戲曲文獻除北平圖書館所藏之外，還有大約三分之一來自私人藏書。這些私人藏書家有梅蘭芳、馬廉、劉半農、鄭振鐸、傅惜華等人，尤以傅惜華藏品爲多。而私人收藏的戲曲文獻主要以清代梨園戲曲鈔本爲主，不少是存世的孤本，彌足珍貴。可以説，這部目錄是當時研究戲曲最爲完備的史料指南。

二

史料是文化的印痕，而文化是人創造的。晚清民國是中國戲曲發展的又一高潮，尤以京劇爲代表，這一時期京劇伶人生平史料和演劇史料層出不窮，真實再現了伶人的藝術人生和學藝、傳藝的譜系。

「戲曲史料編」中收錄了孫老乙等人編輯的近代名伶傳略史料彙編、天柱外史皖優譜、王夢生梨園佳話等伶人傳記史料。

近代名伶傳略史料彙編匯集了佚名最近一百名伶小史（又名男女名伶小史）、朱書紳同光朝名伶十三絶傳略和孫老乙當代名伶傳三部伶人傳記。佚名的男女名伶小史，民國十年（一九二一）上海中外書局鉛印本，選取從徽班耆宿程長庚開始的一百位京劇名伶小傳，基本涵括了京劇史上最有名之「老生前三傑」「後三傑」「四大名旦」等名角。小史在編排伶人的次序上，頗爲注意伶人之間的血緣、師承、姻親、地緣關係；同時在地域上以北京爲主，兼及天津、上海、蘇杭，甚至東北、粤東地區。如此分類也符合當時京劇流傳情況和地域成就的實際。小史的體裁類傳記，以單傳爲主，偶有兩人合傳，對伶人的學藝經歷、演技特色、藝術地位多有論述，亦不妨當作戲曲評論來讀。

同光朝名伶十三絶傳略，是一九四三年由進化社朱復昌（書紳）縮小影印的，沈蓉圃所繪同光朝名伶十三絶傳真像，是當時各行當的代表人物，分别是程長庚飾群英會魯肅，盧勝奎飾空城計（或戰北原）諸葛亮，張勝奎飾一捧雪莫成，楊月樓飾四郎探母楊延輝，徐小香飾群英會周瑜，譚鑫培飾惡虎村黄天霸，梅巧玲飾四郎探母蕭太后，朱桂芬飾玉簪記·琴挑陳妙常，時小福飾桑園會羅敷，余紫雲飾彩樓記王寶釧，郝蘭田飾釣金龜康氏，楊鳴玉飾思志誠明天亮，劉趕三飾探親家鄉下媽媽。這「十三絶」中老生四人（程長庚、盧勝奎、張勝奎、楊月樓），武生一人（譚鑫培），小生一人（徐小香），旦角四人（梅巧玲、時小福、余紫雲、朱蓮芬），老旦一人（郝蘭田），丑角二人（劉趕三、楊鳴玉），除净行未收外，涵蓋了京劇的主要行當。書後附有十三絶的傳略及余叔巖、時慧寶、程繼先、梅蘭芳、王瑶卿、譚小培、馬連良、尚小雲、程硯秋、荀慧生、金仲仁等數位當紅伶人的附志，是晚清民國時期伶人傳記史料集。

孫老乙當代名伶傳，一九四七年八月由天下圖書雜誌出版公司出版，前有王雪塵、李元龍、俞振飛所作序言及作者自序。作者就自己二十年見聞所及，記述了當時一百一十三位京劇演員的生平和藝術。伶人排列以宗派爲經，以時代爲緯，首起梅蘭芳，以北京的伶人爲主體，同時也記錄了長期在上海演出的麒麟童、林樹森、蓋叫天、趙乃泉、楊瑞亭、苗盛春、蓋三省、俞振飛、韓金奎、劉斌昆、言慧珠、童芷苓、艾世菊、魏蓮芳等名伶。作者力圖以傳統的紀傳體裁來勾勒民國時期京劇歷史的概貌。

天柱外史所著皖優譜，世界書局一九三九年出版，凡六卷，分爲引論及生、旦、净、丑、場面各一卷。主要輯錄皖籍崑劇、徽調、皮黃劇伶人的藝術史料。卷一「引論」，對徽班演劇史有詳細的勾勒。卷二至卷六，從元楊景輝、明嘉靖張野塘開始，分别介紹徽州歷史上著名的伶人。每卷之前考索角色名稱的由來，介紹名伶的生平籍貫、藝術特點和成就。該譜引述「戲曲專家紀錄」，但逐條增添作者的按語，尤其在引論中對戲曲聲腔的論述，每有精闢之論，值得重視。

王夢生的梨園佳話，一九一五年商務印書館出版，是民國初年全面介紹清末以來北京戲曲活動演變、流行劇目及其藝術流派的戲曲專書。此書分爲四章，首章「總論」，分條論述戲曲藝術的總特徵、起源、唱做念打之技法等等，爲戲曲之整體關照。次章「諸位精華」，介紹生旦角色的含義、老生唱法和十餘種代表性劇目，另及一些特殊性質的劇目（如武劇、譃劇、穢劇、全本劇）。第三章「群伶概略」，介紹蘇班、徽班、京班中的名角，重點介紹程長庚、余三勝、汪桂芬、譚鑫培、孫菊仙、龔雲甫等當紅伶人七十餘位。第四章「餘論」，爲舞臺藝術特色、戲行之風俗及規制的介紹。梨園佳話雖仍屬京劇流派史料範疇，但它對京劇舞臺藝術、劇目及戲俗的介紹，頗有學術含量，初步具備京劇史研究著作的雛形。

三

劇目選編是不同於戲劇史料、伶人傳記的另一研究路向，大量劇本材料的匯集、選錄和考訂，從文本的角度豐富了對戲曲的整體關照，與歷史變遷、伶人流派一起構建起我國戲曲歷史、舞臺和文本的多維圖景。在「史料編」中選錄王端淑明代婦人散曲集、馮沅君孤本元明雜劇鈔本題記以及新大戲考 昇平署月令承應戲等幾部具有代表性的劇目、劇本文獻。

明代婦人散曲集是明末清初山陰才女王端淑所輯，爲民國二十四年（一九三五）盧前（冀野）從名媛詩緯初編·詩餘初編中輯出重編、校訂，前有盧前所作序文。王端淑從女性詩人角度，輯得黄峨、徐媛、梁孟昭、沈蕙端、郝湘娥、沈靜専、呼祖、蔣瓊瓊、楚妓、馬守真、景翩翩、李翠微等十二位女性曲家的散曲作品。每位作者名下皆有小傳，點出家學淵源或重要社會關係，對藝術風格和成就有簡要點評。王端淑的評語明顯帶有女性視角，試圖將女性曲家從男性作家群體中剝離出來，給予獨立的主體地位。書尾附録有吴蘋香手書曲稿真跡一幀，另附有盧前録得從宋代劉盼春至民季吴蘋香婦人曲話十餘則，爲整篇散曲之有益補充。

孤本元明雜劇鈔本題記，是馮沅君先生在一九四四年對國立女子師範學院所鈔藏的二十一册「脈望館鈔校本古今雜劇」作的題記，是一篇關於雜劇角色服飾的重要論文，可視爲一九三六年古劇四考「搬演考」的續篇。馮先生從鈔本雜劇的記載，重點考察舞臺上伶人對劇中人物穿戴的設計和安排，將文本形態與舞臺形態結合起來研究，構建了從文本到舞臺的新的研究路徑，給後世的戲劇研究者帶來諸多啓迪。

新大戲考是二十世紀四十年代灌注的京劇名角唱片的名段曲詞之匯集。戲考分爲劇情説明和名段唱詞兩大部分，劇情説明有四十五則，而名段唱詞則以京劇曲段最多，依次以老生、文武老生、青衣、老旦、大面録入。老生藝人包括譚鑫培、王長林、孫菊仙、余叔巖、馬連良、劉鴻聲、陳少霖、王又宸、高慶奎、言菊朋、王少樓、譚富英、譚小培等數位。文武老生則有楊小樓、高百歲、李吉瑞、麒麟童、李桂春、林樹森等數位。青衣則以梅蘭芳、程硯秋、尚小雲、荀慧生等名角爲主。老旦以李多奎，大面以郝壽臣、金少山爲代表。可以説，當時市面上流行的京劇名角唱片基本被囊括其間。更值得一提的是，戲考還將上海一帶流傳的紹興戲、申曲、揚州調、彈詞、河南墜子、北方雜曲的名角唱片曲詞録入，收録的名角近百位，關涉的唱片公司有百代、勝利、高亭、國樂、蓓開、孔雀、長城、麗歌、大中華等數家。新大戲考爲研究近代戲曲、雜曲唱片史的重要文獻。

昇平署月令承應戲，一九三六年北平故宫博物院編印，收録清代宫内昇平署殘存的崑、弋腔月令承應戲劇本，皆爲内廷供奉的折子小戲。宮廷月令承應戲，計有元旦承應戲三折、立春承應戲二折、上元承應戲二折、燕九承應戲二折、花朝承應戲二折、浴佛承應戲二折、端陽承應戲五折、七夕承應戲二折、中元承應戲三折、中秋承應戲二折、重陽承應戲四折、頒朔承應戲二折、冬至承應戲四折、臘日承應戲二折、祀竈承應戲三折、除夕承應戲八折。昇平署月令承應戲凡十六節令，演劇四十八折，是研究清代宮廷月令演劇不可或缺的史料。

以上這些民國時期刊印的珍貴戲曲史料，隨着時間的流逝，已難得一見，成爲「稀見」文獻，今天重新將它們影印出版，必將嘉惠學林，大力促進戲曲史的研究工作，洵爲功德無量之事。

作者簡介

男女名伶小史

顧曲周郎，整理者遍查史料無考。此書或爲出版社集體所編，托名顧曲周郎所著。

三國兩晉與廣陵散並稱當時的長河吟相傳就是爲周瑜所作。據三國志·吴書·周瑜傳：「瑜少精意於音樂。雖三爵之後，其有闕誤，瑜必知之，知之必顧，故時人謡曰：曲有誤，周郎顧。」「周郎顧曲」後演變成對戲曲、音樂的欣賞贊美，有知音激賞之意。

同光朝名伶十三絶傳略

朱書紳，又名朱復昌，生卒年不詳，曾任民國北平三六九畫報社社長、傳其於民國三十二年（一九四三年）書肆訪得同光朝名伶十三絶圖，影印此圖，編輯出版同光朝名伶十三絶傳略，除包括十三位名伶的傳略外，又有四大名旦、余叔巖、馬連良等人的題詞，以及著名劇評家景孤血、翁偶虹等人的題詩，具有重要的史料價值。

當代名伶傳

孫老乙，生卒年不詳，早年在天津中南國劇社學演京劇，二十世紀三十年代在上海師從苗勝春，成爲票界名人，四十年代擔任專門研究京劇丑角藝術的丑會會長，一九四七年任上海京劇界工會會長。廣泛結交戲曲藝人，與衆多名家過從甚密，發表過不少戲曲評論文章，出版有海上名票集、當代名伶傳等專著。

霓裳艷影集

馬琮蓮，生平未可考，民國人，編著霓裳艷影録，收入南北坤伶彩版和黑白版圖片數十幅，是難得的戲曲史料。

戲曲史料編

近代名伶傳略史料彙編

男女名伶小史　一
同光朝名伶十三絶傳略　六七
當代名伶傳　一四三
霓裳艷影集　二〇五

◎顧曲周郎

男女名伶小史

顧曲周郎著

男女名伶小史

上海中外書局出版

最近一百名伶小史

目錄

程長庚小史……一
譚鑫培小史……二
汪桂芬小史……三
孫菊仙小史……四
梅巧玲小史……四
楊小樓小史……五
張二奎小史……六
孫化成小史……七
劉鴻聲小史……八
余叔巖小史……九
錢金福小史……一〇
紅四眼小史……一一
梅蘭芳小史……一二
時慧寶小史……一三
老雙處小史……一三
王鳳卿小史……一四
王瑤卿小史……一六
王又宸小史……一六
汪笑儂小史……一七
尙和玉小史……一八
馬豔冰小史……一九

朱素雲小史……一〇
德珺如小史……一〇
曹眉仙小史……一一
徐小青小史……一一
何　九小史……一一
談　三小史……一一
胡　宋小史……一二
金秀山小史……一二
劉永春小史……一三
穆　子小史……一三
黃月山小史……一三
李順亭小史……一四
路三寶小史……一四
梅二瑣小史……一五
劉春喜小史……一五
張長保小史……一六
龔云甫小史……一六
貴俊卿小史……一七
羅小寶小史……一八
孟小如小史……一八
何桂山小史……一九
許　處小史……一九
夏月恆小史……二〇
夏月珊小史……二〇

夏月潤小史……三〇
尙小雲小史……三一
韓世昌小史……三一
小翠花小史……三二
小桂鳳小史……三三
言菊朋小史……三三
包丹亭小史……三三
楊蘭亭小史……三三
郭仲衡小史……三四
韓長寶小史……三五
楊瑞亭小史……三五
沈華軒小史……三六
李吉瑞小史……三六
呂月樵小史……三七
何月山小史……三八
樊春樓小史……三八
聞蘭亭小史……三八
張鶴樓小史……三八
毛韻珂小史……三九
潘月樵小史……四〇
麒麟童小史……四〇
石月明小史……四〇
趙如泉小史……四一
小達子小史……四一

馮子和小史……四二
李長勝小史……四三
李長奎小史……四三
蓋叫天小史……四三
高慶奎小史……四四
趙子敬小史……四四
楊小朵小史……四五
小小朵小史……四五
吳彩霞小史……四五
姜妙香小史……四五
趙仙舫小史……四六
白牡丹小史……四六
綠牡丹小史……四七
賽達子小史……四七
小桂紅小史……四八
張文艷小史……四八
露蘭春小史……四八
林黛玉小史……四九
小翠喜小史……四九
尤鑫培小史……五〇
王克琴小史……五〇
郭少娥小史……五一
鳳　仙小史……五一
鮮靈珠小史……五二

劉菊仙小史……五二
恩曉峯小史……五三
尹桂蘭小史……五三
何翠寶小史……五三
趙紫雲小史……五三
小蘭英小史……五三
李雪芳小史……五三
蘇州妹小史……五四
張淑勤小史……五五

最近一百名伶小史　目錄

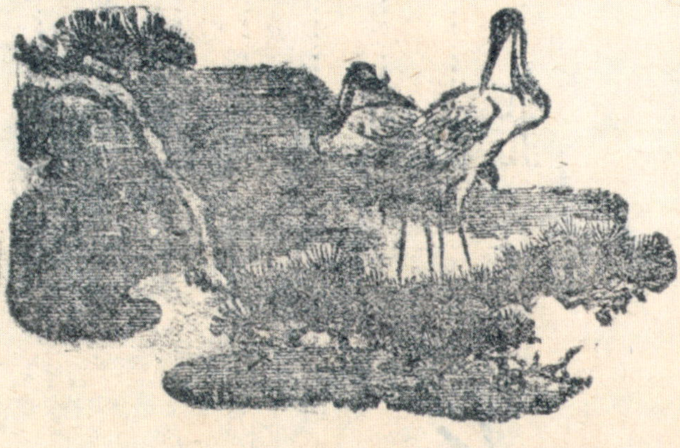

六

最近一百名伶小史

顧曲周郎編

程長庚

程長庚。實爲梨園獨一無二之元勳。當滿淸咸同之時。京師人初無戲劇之觀念。而長庚能引起一般王公貴人之醉心鞠部。其魔力已不爲小。程皖人。行三。擅鬚生。其居室顏曰四箴堂。迨光緒初年。程年事已長。老氣橫秋。而嗓音宏大。其所掌曰三慶班。長庚自是臺柱。所演如取成都。風雲會。狀元譜。過昭關等。都人士嗜之尤甚。更能演戰長沙。古城會。諸紅生。長庚名噪一時。顧生性冷峭。平居兀傲不羣。鮮與士夫晉接。且登臺之時亦殊少。一般戲癖則每日滿座以伺之。程見生涯既佳。狡獪亦甚。紿以登臺。而臺前無駐足地。已復不起正角。衆皆失意。有苦嗜其劇。屢受侮弄者。飭吏以黑符繫之去。因愛生怒。煑鶴焚琴。然亦大殺風景矣。長庚花甲病終。後人尊爲一代名宿

譚鑫培

鑫培姓譚。牌號小叫天。無人不知爲伶界大王也。名金福。少之時。星家言其五行中缺金。故名號均以金字稱之。少有戲癖。長習鬚生。竿頭日進。弱冠名噪一時。未幾倒嗓。改演武戲。亦出類拔萃。至三十後。乃文武並演。五十則鼎鼎大名。一時伶工莫之與京矣。妻侯氏。有大家風。子八女二。均所出也。鑫培六十喪偶。始納一妾。復生一女。螽斯綿衍。家用因是浩繁。所入雖豐。亦僅足自給而已。長子嘉善。習武生。頗得父風。蚤喪。次子嘉瑞。精絃索。三子嘉祥。四子嘉泰。一習青衣。一習花旦。均中材。亦相繼卒。五郎小培。習鬚生。亦不甚工。餘未詳。二女一適夏月潤。一適王又宸。鑫培年至七十。氣力曾不稍衰。健舉活潑。尚一時無兩。及民國六年。政界宴陸榮廷。召集在京名角。鑫培以老病請辭。時步軍統領江朝宗。懼失要人歡。强之登臺。奏定軍山一曲。歸大恚恨。自是病不能起。享壽七十二歲。死之日。天下人皆知伶界少一小叫天。其人無論識與不識。皆爲嘆息失聲。後有人議立銅像未果。而口碑載道。令名傳矣。

汪桂芬

汪桂芬皖籍。廣顙巨額。一時有汪大頭之稱。與鑫培同以伶界二傑聞名于世。幼隸京師春茂堂。習老生。初不甚工。後益佗傺不遇。退爲琴師。見賞於程長庚。倚爲左右手。後長庚死。無復知音。迨俞菊笙掌春臺班。一日喧傳有新角登臺。及出。衆皆識爲汪大頭。初輕之。迨一曲既終。始千人心折。良以隨長庚久。所唱得其神髓。其歌喉聲線。響徹行雲。腔圓字清。不蔓不枝。自是蜚聲鞠部。萬人傾心。顧桂芬有盤龍癖。所得纏頭。不敷揮霍。以是負債纍纍。無法潛至滬瀆。居二年。復回京師。以宿逋未清。不能搭班。嶄露頭角於王公貴介之堂會中。聲名藉甚。晚年參佛教。常作頭陀裝。終日在紅魚清磬中尋生活。或央其歌曲。則以梵音代之。顧清澈宏亮。字字出金石聲。亦非尋常酒肉僧所可比者。年五十病終。時人惜之。

孫菊仙

與汪譚鼎足成名者。厥唯孫菊仙一人。菊仙名學富。津籍。初以票友走京師。恃其歌喉之佳。現身於舞臺。久之盛名佈都下。選爲菊榜狀元。其人軀幹偉岸。背微傴。而足絕小。頗不稱。故臺步殊未盡善。顧聲線之佳。絕無僅有。抑揚疾徐。吐屬自然。高可裂雲。低能泣鬼。靡不盡善盡美。非泛濫無歸者所可同日而語也。煞尾一語。更含蓄不盡。有繞梁三日之概。初走都中。入嵩祝成班。繼入四喜班。奪王九齡一席。時有大面穆子。亦以喉音見詡者。二難既併。一時雙傑。莫與倫比。常合演二進宮。天水關。斷密澗。沙陀國等。拿手善本。各逞所長。二人雖無軒輊。然菊仙實有勝人之處。迨庚子國變。京中騷然不寧。菊仙遯跡海上。不常出臺。養性適意。杜門息憧。品德日臻。士夫相見。頗器重之。不以伶人視菊仙也。

梅巧玲

梅巧玲。蘇籍。咸同間著名旦角也。巧玲初入都中。搭長春班。十七八負盛譽。曲眉丰頰。飄飄若仙。幼時喜覽說部。一時與之往還者。都名下士。酒綠燈紅之際。巧玲每爲士夫所傾倒。及在紅氍毹上。清歌妙舞。益令人神魂飛繞。有某生者與梅交尤密。日必一往。其寓雨夕霜晨。未嘗或間。友人苦勸不聽。而會試之資蕩然。落拓。一身孑然。塊然。玲太息曰。若某生者眞情種也。我必有以報之。及生殿試。梅急馳車至。門者誤會梅意。怒斥之。梅嫣然曰。此來非有以辱君子。正欲報恩於萬一耳。聞汝主質衣數襲。有諸乎。僕曰然。曰、速取券來。我爲汝主贖取。僕信而予之。梅出己資代贖。付僕。僕代主感謝之。及告知主人。生取服被身。尙有銀券二百兩。置衣袋中。因大感德。往視梅。梅閉門不納。生於是焚膏繼晷。讀書學大進。及館選後。梅始與生握手言歡。情同骨肉。然某生命途多舛。未幾卽世。梅白衣冠往吊之。自是義聲播京師。王公貴人爭識之。名震一時。梅有子曰大瑣。二鎖。孫名蘭芳。字畹華。昔之名青衣。今爲全國色藝無雙之花旦也。

楊小樓

楊小樓爲當代名武生。其父楊月樓。其祖楊雙喜。均名震全國。小樓家學淵源。其技之精博固有自來也。小樓於余黃二派（俞菊笙 黃月山）青出於藍。小樓生時月樓年已三十有七。初隸京師雙魁班。旋來申客串。未幾回籍卒於皖。時小樓年才十三。今四十歲矣。小樓幼時學戲於小榮春科班。所習文武各戲。不下三十齣。博則博矣。然多而不精。雜而不純。稍長。意欲就乃父習武生。而父已見背。求助于師伯俞菊笙。專習俞派武戲。初不純熟。貌合神離。久乃升堂入室。至今則老當無比。其平生傑作。如武生戲之安天會水簾洞長板坡冀州城戰岱州挑華車等。二花戲如四平山拿高登鐵籠山等。均得老俞神髓。做工則老練周到。唱調則字正腔圓。聲容並茂。武藝超羣之讚。小樓足當無愧矣。去年走海上。不售其技。良以海上人士。不喜觀武生戲。專重於花旦。（或云深中梅毒所致）。故小樓不歡而去。亦有幸有不幸也。

張二奎

張二奎。字子英。北京東壩人。初在北通州開糧食行。運糧至京。輒與友人聽戲。歸則依聲効之。船唇馬背。無或間也。且聲音宏亮而清脆。貌奇偉如達官。腔調之佳。科班所不及也。時爲同咸之間。向例票友未拜伶人爲師者。不得擱入梨園。二奎極欲自顯。又不欲師事伶工。遂謀於劉萬義。劉亦京人。工黑頭。爲嵩祝班臺柱。文武架子俱佳。故二奎器之。當往商時。劉勸二奎自起一班。二奎從之。遂建雙魁班。以大奎官董其事。名震一時。及後兩人意見不合。大奎官另起一班。曰金魁。二奎仍主雙魁班。旗鼓相當。兩不相下。未幾海上遣人往聘大奎。時丹桂茶園園主本爲大奎之同門友。大奎本不欲去京。以朋友之誼不可卻。金魁班遂散。雙魁班巍然獨存。二奎生平好施與。恤貧矜老。有口皆碑。京師伶工祖師廟。亦二奎所獨資建設者。近日伶界中。罕有其儔矣。

孫化成

化成字曦丞。皖之宣城人。曾任北京大學校教員。雖於文事。性好戲劇。課餘閒暇。輒入梨園尋聲拍板以爲樂。久之亦自能高歌倚聲。喉音甚佳。響遏行雲。從師王某。王本鬚生界之老角色。對於後進。尤能悉心教導。行腔使調運氣咬字之法。講求尤力。以故化成得其指點。竿頭日進。遂成絕才。又與侗伍。余三。老譚爲友。朝夕揣摹。互相糾正。而化成之身段做派。益佳。嗓音合正工調。綽乎有餘。若在常伶。必用半工調矣。向例老譚登臺。他園之生意。必驟落。雖雙處鴻聲爲臺柱。亦復不免。而化成能始終維持。不致座客舍東就西。其賣座之能力。迥非自欺欺人。實係火候已到。唱做俱佳。足以感動於人耳。乃京人之欽佩孫氏。亦非率爾捧角者可比。化成相貌雄奇。吐屬風雅。扮紅生戲。處處見長。惜不肯輕意登台奏技耳。我友劉子豁公。與孫君友善甚篤。去歲來滬。記者亦嘗與彼一席談云。

劉鴻聲

鴻聲北京籍。初操懋遷術。以喉音佳。友人勸之習戲。初唱黑頭。名亦未彰。後患足疾。不能出門。端居學習老生戲。頗有心得。期年疾已。遂改唱鬚生。初唱調亦僅正宮。清醇流利。備極動聽。久之乃益引而上之。唱一字半調。其音至高。遂不如前此之渾厚矣。當鴻聲唱黑淨時。與譚氏配角甚久。譚調本所夙聞。及名譽既彰。乃欲自成一家。於汪孫二派中。亦有所竊取。但不能溶化。未免生硬。念字全屬京音。尤爲識者所不取。且學力有限。其拿手傑本僅有三斬一碰。或唱一探。舍其調高之外。亦即無甚精采。鴻聲來滬數次。大受滬人士之歡迎。民國九年楊小樓隸天蟾。鴻聲隸大舞臺。賣座之佳。乃天蟾不如大舞臺。識者不禁爲小樓扼腕。謂鴻聲之鴻運殊佳。此言良確。

余叔岩

今日稱譚派鬚生。而其能得鑫培之神似者。誠寥若晨星。或曰余叔岩可以首屈一指。余叔岩之父。即余紫雲。祖即余三勝、岳父乃程德霖。家學淵源。必有可觀。叔岩生有夙慧。稍受指點。便能合拍。童齡演劇。沽上名小小余三勝。一時聲名大噪。頭角嶄然。而津門梨園。部男女合演。叔岩厠身於粉白黛綠中。未免有情。誰能。遣此。未幾倒嗓回京。乃益自砥礪。於譚氏之學。簡練揣摩。窺堂入室。養息既久。喉音復原。但少亮音。偶一獻技於票房堂會中。有欲邀其搭班者。則以巽日辭。蓋必欲伺喉有亮音。而後一鳴驚人。其技至鴻博。於文武崑亂各劇。靡不精嫻。如天雷報。連營寨。寧武關。定軍山諸劇。皆得譚之神髓。偶演武戲。如獨木關劍峯山等。亦確有獨到處。非尋常野狐禪可比。又如挑華車長板坡等劇。更能別出新裁。自成一家。至今繼鑫培者。固非余莫屬也。去年來海上。惜知音人少。快快而去。

錢金福

金福爲京津著名淨角錢寶峯之子。家學淵源。秉承有自。中年好色。復沉湎鞠蘖。遂致喉音失聲。不能以唱見長於鞠部。金福自知失敗。靜養期年。仍不能恢復原狀。爲之失意。而京師梨園中。仍爭延之。良以金福雖嗓音失潤。而架子之大方。武工之穩練。尚一時無兩。頗得顧曲家之贊許。金福能戲極多。且精崑曲。絕非野狐禪可比。前之俞菊笙。後之楊小樓。所演武戲。皆私淑錢金福一人。爲最完美。恒與之配角。而譚鑫培演定軍山珠簾寨伐東吳寧武關諸劇。於金福相需尤殷。大有不可一日無此君之概。甚至定軍山非金登臺不帶斬淵。以此足見金福之技矣。惜世少知其名者。亦有幸有不幸也。

紅四眼

京師一般顧曲家。莫不知伶界有大名鼎鼎之紅四眼。其人紅四眼者。即王福壽之別號也。福壽爲伶界名宿。驚才絕智。不可一世。自小喜歌劇。長肄習之。對於崑亂文武各戲。無所不嫻。無所不精。但以天賦所限。只能言而不能歌。故京師老伶工。每於閑暇無事之時。輒與之盃酒論戲。酒酣耳熱。四眼引證古今。詳論得失。滔滔汩汩。更燭弗已。所聞皆嘆其名言。而四眼之論調既高。衆皆欲躑其登臺試唱。顧四眼之演唱殊覺平常。無甚精采可取。識者未敢深信。而四眼之心性驕蹇特甚對於伶界鮮許可者間嘗縱論伶工語人曰京師僅有一個半能唱戲者聞者叩之以已居其一半個屬譚鑫培今譚大王下世海內當無値其一顧者矣或譏其言大而誇此言恐不足以語紅四眼

梅蘭芳

梅蘭芳字畹華爲名伶梅巧伶之孫梅二鎖之子昔之名青衣今則全國皆知爲色藝雙全之名旦也蜚聲歌壇身價十倍其聰明精到固非常人所能及其萬一者或謂其嗓音之圓潤不及陳德霖高不若余紫雲此言恐非確論蘭芳自有獨到處也蘭芳生有宿慧髫齡曼聲學歌鄉里稱之咸謂此兒必出人頭地初附學於喜連成科班後專習青衣戲未幾乃父見背蘭芳乃往依伯父大瑣至於長成以家貧演戲之暇時出爲人侑酒粵人馮某爲營新宅於蘆草園屋宇之宏麗陳設之精雅伶界中可稱得未曾有馮又延請豪貴往來其宅中因是梅之名譽大著伶界大王譚叫天又以蘭芳敏慧且有世誼竭力提拔之

貴室每有堂會。輒引蘭芳配角。是以知名於時。而名士樊樊山易實甫輩。喜其色藝俱佳。咸爲詩詞彰之。有裨於蘭芳之聲價非淺。然限於格律。未能詳論其技。亦屬憾事。讀者當知吾國梨園青衣。往昔以喜祿爲第一人。繼喜祿者有二人。一卽時小福。一卽余紫雲。兩人異曲同工。瑜亮一時。晚近之陳德霖王瑤卿。尙足以繼時余二人。而梅蘭芳入世最晚。顧盛名直駕前輩之上。彼雖德霖弟子。然其才藝實青出於藍。彼兼採陳王之長。參以己意。咬字發音。極有分寸。且其嗓尖而不削。狹而能柔。迴非徒講字正腔圓者可比。其拿手戲如「別宮」「祭江」「坐宮盜令」「御碑亭」「彩樓配」等。唱旣清脆。做亦周到。其師德霖深贊之。而他人之心折更無論矣。民國初年。蘭芳爲迎合社會心理。計改習花旦。而易實夫羅癭公等爲編「黛玉葬花」「天女散花」「千金一笑」「嫦娥奔月」「上元夫人」等劇。每一登場。萬人空巷。去年挾技游扶桑。備受歡迎。洵足豪矣。

時慧寶　老雙處

時慧寶。爲孫派老生中之健將。足以與其頡頏者。惟雙處一人。顧老孫腔調全是一團眞氣。鍊戉在伶界人言之所謂本錢足是也。故摹仿老孫者。必先充裕本錢。乃可効顰。其萬一世之伶人所以趨向老譚。厭棄老孫之故。實由於本錢有限。未能勉强而成也。學孫首推雙處。時慧寶亦得其神韻。每於曲折處。在在能體會老孫。惟魄力稍有不足。如唱「御碑亭」「硃砂痣」「浣紗溪」「三娘教子」等戲。其細膩熨貼。非能運氣者不易見好。如唱「逍遙津」「取滎陽」等。則稍弱。雙處較勝一籌。至於做工。時固駕於雙處之上。質言之。時方年强力壯。較老邁之雙處。畢竟勝一等。然而晚近以來。慧寶每喜自作聰明。棄擅長之劇不演。專演風雅之劇。如「臥龍吊喪」「三顧茅廬」「五丈原」戲迷傳等。究竟非其所長。故大受一般評劇家之攻訐也。

王鳳卿

鳳卿卽著名青衣王瑤卿之弟。亦近年南北伶工中之矯矯者。總角登場。已負盛譽。實則其工夫乃在倒嗓之後。鳳卿幼時。即爲汪桂芬所器重。當倒嗓時。鳳卿足跡不履舞台者五六載。此數載中。依附桂芬。刻羽引商。苦心研究。故得桂芬之趣味益深。及後桂芬物化。鳳卿之嗓亦恢復原音。班中爭延之。一曲高歌。四座咸驚。於是鳳卿之名大震。至是燕京人士。莫不謂桂芬之後。惟鳳卿一人。然予聆汪桂芬戲。不足十次。而對於鳳卿。不能無議。桂芬行腔。字字皆用倒抜法。運氣在丹田中吐出。故無一字一音有依托借襯之病。此種工夫乃天賦於人者。鳳卿雖音沉氣足。曷足與桂芬較。其唱硃砂痣取成都文昭關等戲。摹神嚼字。尚稱得體。中以取成都一劇爲尤佳。然與桂芬較之。則尚遠。而捉放曹一齣。更遜。是劇本不易唱。莫怪鳳卿難以出色。再如汾河灣一齣。近時梅王合演。南北人士。僉曰珠聯璧合。然以做工論鳳卿。是無可議。以唱工論鳳卿。未免雕琢氣太重。鳳卿之摹桂芬。犯病即在是處。然近時伶界。若舍鳳卿而求其他。殆無第二人矣。

王瑤卿

王瑤卿在童伶時代。嶄露頭角。已知其爲蛟龍非池中物矣。及成年。益自礪技乃大進。當時適紫雲輟業。德霖亦倦於登臺。瑤卿遂推爲旦界第一人。其喉音雖亦甚佳。但高亮不及紫雲。圓潤又不如德霖。唱腔力摹二家。然在旦角中。兪陳之後。實罕與其儔矣。綜其生平。在中和園與譚氏配戲時。爲最得意時代。如汾河灣。武家坡。探母。桑園會。轅門斬子。等戲。相得益彰。尤以打魚殺家飾蕭桂英。爲冠絕一時。友人嘗謂王譚之打魚殺家。爲戲中神品。非過譽也。王以人推重。日進於驕。遂與譚氏益忤。卒至分離。王之與譚。合則雙美。獨立殊難。及家居既久。嗓音遂變。甚可惜也。今則嗓音雖失潤。其化妝做工等。尙非梅蘭芳美妙香輩所能及其萬一也。

王又宸

王又宸爲譚叫天之快婿。字幼臣。以票友出身。力摹老譚。雖不獲其神韻。然在近今鬚生中。已可列之上乘。其練音雖趨於平談。然平談中蓄有英氣。不似貴俊卿之秋風秋雨也。按老譚腔調近年學者多於過江之鯽。然升堂入室者幾如鳳毛麟角。十年以前賈貴近似。今二伶倒嗓。僅足以傳老譚之神。不足以傳老譚之聲。或謂老譚之調秋氣過重。如久病老人。幾有萎靡不振之勢。有薄其亡國之音者。信如此言。賈貴二伶。得其門徑在此。而中其毒者亦在此。又宸則不然。其音純厚。使聽者如飲醇醪。氣味雖平而不淡。且於幽韻中蓄一種英氣。足以沁人心脾。故老譚之碰碑哭靈等戲。賈貴不能。又宸獨能也。故伶張毓廷學譚。與又宸雖同一軌道。其音調又高於又宸。惜不永年。又宸正值壯年。前途又未可量也。

汪笑儂

笑儂原屬滿洲籍。八旗官學生也。名德克金。昔在津門。同官諸紹昌自言與汪同學。較可徵信。汪之喉音暗不成聲。其生平演劇。或以舊戲改新詞。或以新戲唱舊法。故示奇異。以自矜貴。亦舊劇中之革命家也。十餘年前演於上海。名不甚彰。斯時海上新戲未昌。只有黨人碑等一二折耳。辛亥年汪到濟南。大為彼埠人士所歡迎。偶一登臺。座無隙地。後至者多作門外漢。嘗三四日同一戲目。以期看客之普及。聲價至是可云盛矣。其冬應天津下天仙之聘。到津初亦日日滿座。後日漸冷落。時蔡子賡任學使。委為戲曲改良會會長。觀其所改良之戲本。文亦未必勝舊。而平仄多不能上口。癸丑在津困頓不堪。在天喜小戲園演戲。正桌只售銅元六枚。而視座中猶寥若晨星。蓋與初至時較。判若天淵矣。乙卯到京。以桃花扇為文人所稱許。然在一般普通顧客。則罕有贊成者。及後至海上。第一臺演唱。聲譽尚佳。嗜阿芙蓉癮極大。卒至落魄病歿海上。厲所身後頗蕭條云。

尚和玉

近今執武生之牛耳者。當然首推楊小樓。然尚和玉之聲譽。雖遠不逮小樓。而以技藝論。則二人互有長處。未可軒輊。如長板坡挑華車等戲。小樓不僅武工見長。且聲容並茂。和玉面目蒼老。喉音不亮。實覺遜於小樓。而拿高登水簾洞金錢豹鐵籠山等戲。從容穩練。和玉具有先正程範。實出小樓之上。而四平山之李元霸。神亭嶺之太史慈。又均有獨長之處。其技多由崑曲牌場翻出。品格高尙。小樓之外。無人與之頡頏矣。和玉寶抵人。其品格至高。不輕言笑。以從李吉瑞久。甘居其下。不欲棄而之他。名遂爲所掩。且各舞臺欲聘尙。尙必與李偕。否則不肯獻身於舞臺。抑亦不可索解。或曰。海上多男女合演。尙在後臺遇坤角。必低頭遠避。一時稱之謂尙老道云。

馬艷冰

近年以來。青衣花旦。當然首推梅蘭芳。然梅之唱調。務求悅耳。多未免俗。邇來從事新戲。而嗓多失潤。已無足取。繼梅郎而起者。尙有程艷秋尙小雲二人。然悉皆取法於梅蘭芳。亦不足爲上乘。欲求一純粹青衣。而具有前賢遺矩者。則近日都中童伶青衣馬豔冰是矣。豔冰原字笑雲。京籍。老伶馬蘭芳之子也。幼習青衣。曾搭俞振廷所辦之斌慶社科班。出演於三慶吉祥等園。孫菊仙王瑤卿見而奇之。均謂可造之才。瑤卿乃收爲弟子。盡以其學傳之。菊仙於京津堂會中亦常與之配戲。其人纖纖得中。修短合度。面如芙蓉。腰如楊柳。彼小梅奚足方其萬一。近有謂小雲豔秋較梅氏爲佳者。仁智之間。尚得考論。至於如馬豔冰者。眞梅氏之勁敵也。諸君請拭目以俟。

朱素雲　德珺如

小生一角。邇來日漸淩替。首善如北京。亦大有才難之嘆。或曰。近今循規導矩之小生。爲伶界傑出人才者。當首推朱素雲與德珺如。然朱與德雖同習小生。而德之擅長者。靠把戲。如羅成叫關。八大鎚。是朱之擅長者。袍帶戲。如羣英會黃鶴樓是。然此數劇。屬於富麗堂皇。激昂慷慨。至若鴻鸞禧中之莫稽。彩樓配中之薛平。屬於窮愁潦倒。則均非二人所長。良以彼二人所習。爲龍德雲一派龍亦不擅演窮愁潦倒之劇。然則素雲與珺如。可謂近今小生中之佼佼者也。

曹眉仙　徐小香

曹眉仙京派小生。亦頗有聲譽。曹皖人。先龍德雲得名。爲京派小生中之健將。其流風餘韻。惜未能渡黃河而南。長江流域之伶界。竟有不知眉仙爲何如人者。先是龍德雲以小生鳴鄂中。聞眉仙名。赴京受業。執弟子禮甚恭。年餘返鄂。乃盛稱眉仙之能。技名稍稍彰。厥後京師步武眉仙者。有徐小香。其人徐蘇人。生長都中。父爲某部部曹。小香生有戲癖。尤嗜唱小生。凡值眉仙登台。必往觀焉。一日在某園客串。爲某貝勒重賞。助以貲。俾製戲衣。是爲小香出山之始。厥後遇有會串。徐必與焉。父沒。宦囊如洗。不得不恃鬻技爲生活。一經登臺。萬人空巷。口白表情扮相唱工。駕眉仙上之。眉仙既有勁敵。坐是抑抑致疾。未幾病沒。小香遂執京師小生界之牛耳。

何九　談二　胡朶

數十年來銅鎚花面首推何九。名在金秀山上。伶界後進。都稱何九先生。不敢呼名也。何籍安徽。父爲山西某縣令。何九兒時有戲癖。尤嗜黑頭。父沒任所。身後蕭條。九頓失所依。輾轉至保定府青苑縣。全慶園主偶聞其唱二進宮。實大聲洪。驚爲奇童。爰令就汪正士學戲。二年技成。正士別字汪毛。爲淨界中頗有名譽者。與程長庚同門。何九之享大名。其師正士之力。亦居大半。然無全慶園主之汲引。何九亦無進身之堦。故何九談及身世。輙感激園主不已。同時唱黑頭者。尚有天津談三。技與何埒。復有胡宋其人。亦黑頭健將。之三子者。鼎盛一時。而今已矣。

金秀山　劉永春　穆子

黑頭之用鼻音者。數年前之金秀山。獨樹一幟。余在二十年前。以實大聲洪自命。不屑以鼻音取巧。每引吭高歌。眞有裂石驚天之概。及後眞力不足。始間用鼻音。良以力不從心。別闢一徑。以取巧耳。乃近人專用鼻音。遂誣秀山爲一入伶界卽用鼻音。此何說乎。秀山之外有穆子其人。亦淨界名人。其唱念也。一字之重不啻千斤。秀山視之有愧色焉。又有劉永春與金秀山齊名。唱字之沉着句句痛快。銅琵鐵板。差可比擬。故最好淨角不以鼻音取巧。彼三人初不欲以鼻音自負。實出於不得已耳。

黃月山

月山京兆人。來自鄉間。不詳其籍。人皆呼之曰黃胖。以其軀幹肥胖也。專心武劇。學力湛深。技術精妙。不論長靠戲短打戲。均所擅長。其一動一拍。均能與金鼓相合。不稍失其節奏。以言乎唱工之佳妙。則清楚有燕趙悲歌之概。說白亦慷慨激昂。能曲盡情事。武生以武工爲尙。能兼唱白之長。眞獨無僅有者。其生平所擅。如獨木關。鳳凰山。溪皇莊。百諒樓。劍峯山等劇。皆稱絕作。又以長坂坡盜御馬。惡虎村之類。擬之兪菊笙。則取逕不同。各臻其妙。未可有所軒輊。故近世論武生者。並稱兪黃二派。月山於前清光緒初年。曾至海上一次。返京後一病幾殆。自是形容消瘦。與前判若兩人。響九霄主玉成班。以月山爲台柱。病後面色枯瘠。且嗜雅片。癮至大。每登場必兩人輪爲料量。常若困憊不堪。而台幕啓處。則精采奕然。適不由人。庚子病死。今無繼其後者。

李順亭

李順亭。咸呼之李老五。以其行五。其人身頎而長。習老生。藝兼文武。其唱工則神味淵永。不同凡響。維近平板。不尙花腔。靠把戲亦有前輩典型。故伶界羣推重之。皆以李大哥呼之。而李五接人。殊謙謙君子。嘗與何桂山演龍虎鬥。太行山諸戲。皆名重一時。偶串鐵籠山之姜維。其精妙處。直一時罕偶。可以繼俞潤仙一席。今年逾古稀。精力尙不減當年。此亦老伶工之僅存者也。

路三寶

三寶之出身不詳。或曰魯籍。賣解至京師。其時田桂鳳旦劇稱盛。而路一入都中。便能得居桂鳳之亞。非有實在工夫。曷克臻此。路之花旦。兼習閨門。頑笑。刀馬三派。並有可觀。其精雖不逮桂鳳。而博則過之。恒與譚氏配烏龍院。翠屏山等戲。厥推路氏。路氏實爲近二十年中第一流人物也。近來花旦人才。尚存其三。一田桂鳳。二路玉珊。三楊小朵。今路死而田又鄉居。不復現身歌場。只楊笑亭尚留都下。然技藝如昨。而馬齒漸增。嗜曲家方盛稱梅郎。蕙郎諸人。不復齒及楊氏矣。

梅二瑣

二瑣即大名鼎鼎梅蘭芳之父。巧玲之子。體貌肥碩。而肌膚白皙如女子。扮貼戲。以體重不能任蹺工。所演僅爲玉玲瓏。胭脂虎。浣花溪之類。而口齒伶利。又似遜於巧玲。後改演小生。亦未能見許於人。遂復業貼。飾四郎探母之蕭后。唱工雖不見佳。而扮相頗類貴婦人。與趙仙舫演探親相罵。裸體相搏。肌膚白膩。頗有凝脂之概。中年以後不復登台。今蘭芳名聞天下。二瑣可以無憂矣。

劉春喜

春喜京籍。父名某。亦老伶工也。春喜幼習老生。所能甚備。中年嗓音失潤。而靠把戲固甚可觀。其人恃才傲物。且嗜酒成癖。放浪不羈。每出台側肩挺胸。横眉豎目。苟非相知有素。罔不嗤之以鼻。曾以失街亭之王平見賞於譚氏。遂執贄於譚氏之門。鑫培晚年演失街亭。珠簾寨。輒以春喜飾王平。周德威。若春喜配戲。譚氏亦不復登場矣。

張長保

長保之武生。在伶界名雖未彰。而技藝則實有過人之處。無論短衣長靠。均能揮舞應節。急徐合法。不似時流之以踴躍爲能也。長保善扮旺空。並精崑曲。於武場牌調。靡不能之。尤以安天會爲空絶一時。視楊小樓可無愧色。他如俞菊生演金錢豹。譚鑫培演盜魂鈴。亦均以得長保爲稱合璧。今其人已久不登場。就而問業。則尚不憚煩而指授焉。

龔云甫

云甫初業古董商。亦京師之票友也。初習老生。未敢輕於登台。會津門某園主來邀。云甫欣然前往。意在藉外埠一驗其藝之當否。既至津。演二進宮一劇。板乖腔誤。座客羣以倒好相餉。遂踉蹌遁去。嗣有人謂龔之喉音不宜老生。若改老旦。必能享名。雲甫從之。後數年以老旦出台。一鳴驚人。京師遂無有不知龔劇者矣。其音以響脆取勝。而腔調則以高朗見長。極綿遠蘊藉之致。擅抑揚頓挫之能。讀字輕清重濁。極其分明。但有時過大。反失其音之正。老旦向少專門名家。自云甫出。乃始稱尊自樹一幟。識者雖以非正宗而少之。然龔固已風靡一時。其衣裝備極美麗。作戲亦惟身服是尚。如吊金龜行路哭子等戲。出入窩門舞袖。風致翩翩。與旦角無少異。時人稱爲花老旦。花衫名詞。肇自梅蘭芳。而花老旦則自云甫。皆開梨園未有之局。今則喉音已塌。無復當年盛況矣。

貴俊卿

俊卿皖人。初學習俄國文字。甚精通。得姻婭之奧援。爲某館之通事。嗜劇甚。每晚足跡所至。必在梨園交識伶工甚衆。遂爲票友。後改業伶。其喉初甚寬宏。故有人嗜其劇者。日久不自靜養。日見疲敗。至今日乃瘖失無音。殊可憐惜。俊卿初學譚叫天。略有似處。嗣爲喉音所累。格律日非。遂爲人唾棄。

羅小寶

小寶聰明過人。爲王瑤卿之弟子。善秦腔。其音激楚動人。光宣之間。譽滿京國。嗣後不能自保其喉音。致倒倉。遂沉沒無聞。近年隸天蟾舞台。改唱老生。學譚叫天。覺喉音低而狹。氣又不充。殊不見有獨到處。視阿芙蓉若命。做工委靡不振。頗失顧曲家之望。然唱工尚平正無疵。亦爲生界中之中駟才也。

孟小如

小如初習小旦。爲中等角色。迨後身材日長。色相亦日漸衰老。無已改演老生戲。其舅氏孫佐臣。以其可造。指點教導之。小如復悉心學譚。三年始得有成。以譚派號稱於時。然究非正派。其音既覺浮泛。其唱亦似矯揉造作。且行動搖擺不定。有類婦人女子。說者謂小旦出身。未免不脫本相。蓋亦習慣使然耳。嘗見與李敬山合演天雷報。以衰派老生而現扭揑態度。令人見之肉麻。在彼亦不期然而然者也。

何桂山

老生中傑出之才。莫不曰程長庚。而大面中健將何桂山。亦猶長庚之以老生見稱也。桂山天賦獨厚。吭聲高歌。聲如裂石。大有鐘鼓齊鳴之槪。故人皆以鐵喉嚨目之。性嗜酒。飲愈多而喉乃愈佳。其聲完全一股純正之中氣。非若專尙花腔者可以比擬。恒與長庚配演。正所謂璧合珠聯者。長庚亦稱其天才。自長庚下世。專尙花腔鼻音。歌風爲之大變。桂山白雪陽春之調。沉沒無聞。抑亦大可憐矣。

許處

京師稱票友業伶者曰處。孫處之後有許處者。字蔭棠。畿東人也。先業商。喉音殊佳。遂見賞於穆子收爲弟子。許恒以楊月樓之唱工爲法。然登台演曲宏廓則有餘。高韻尚不足。每句之尾必帶餘音以示充量。實則近於浮泛。無甚精采許昔年演四郎探母一劇。享一時衆口之譽。然非特掉毛觔斗不能勝。即所唱字顆尚多含糊。實不見其長處。惟扮相富麗。堂皇於皇冠戲。尚有可觀。曾走津門。不能售其技。未久回京。晚年喉敗氣弱。即京人亦厭惡之。

夏月恒　月珊　月潤

月恒爲老伶夏奎章之子。名鳴皋。習武生。初走京師。演技於玉成班。時黃月山爲班主。月恒遂居弟子之列。月山演溪皇莊。蚆蜡廟等戲。月恒飾尹亮天霸。相得益彰。尤以反五關之黃飛虎爲最精絕。與月山之黃滾父子交戰一場。並稱佳作。後無嗣響矣。南來以後。自爲園主。不常奏技。偶登台。僅演時遷偷鷄三岔口一類之戲。蓋不欲以眞面目示人矣。端溎陽任江督時。以夏爲某營之都司。自是名登仕版。遂不復以優爲業。弟月珊無復有阿兄之技藝。月潤爲鑫培長婿習武生亦不如乃兄。今在新舞台專以新戲哄動觀客。無足述者。

尚小雲

尚小雲之青衣。至今頗有人稱道之。若玉堂春等戲。其歌喉之珠圓玉潤。實駕梅郎之上。去年來申。與譚小培楊小樓白牡丹同隸天蟾舞台。頗見許於人。小雲初爲正樂社弟子。同社如花旦白牡丹高月霞武生王三黑八歲紅沈三元方洪壽等。皆一時上選。小雲尤特色者也。斯時嗓音已極圓潤。板眼亦甚穩妥。其做唱頗賣力。民國四年正樂社停閉。各弟子遂星散。小雲爲程德霖賞許。得其指教。技益精進。每上場無論何戲。到底絲毫不懈。高月霞因名不及小雲。竭力摹倣。幾至吐血。其爲儕輩推重如此。小雲對於青衣戲既工且正。而獨於葬花奔月等戲。則尚未趨於時。尚譽之者稱爲蘭芳第二。未免過當。但前十年之小梅。未必如今日之小雲。然則今日之小雲。安知他日不能名駕梅郎上耶。

韓世昌

近今談崑曲者。莫不以韓世昌稱。然韓究非正才也。但韓確有佳崑旦之資格。未能十分融會串通耳。韓之嗓音不彀正旦。其餘均足應用。其念字極淸爲人所動聽。前來海上隸第一台。頗能賣座。但口白未工。受人訴病。此當然爲韓之缺點。崑腔白口最難。不惟四聲尖圓須分別淸爽。韓之白口未能淸爽耳。韓初從名家趙子敬學習。若游園驚夢。折柳陽關。釵釧記。翡翠園等劇。可稱方家。無疵可指矣。

小翠花

小翠花于姓。字紹卿。京兆人。現年二十歲。幼學于富連成科班。綺年玉貌。技熟藝精。擅蹺工。識者許爲路三寶後一人。劇園常相爭聘。津濟保垣。時相應演。堂會負時譽。今春赴漢獻技大舞臺。一月有半。蜚聲各界。能戲極多。秦崑皮黃。有一百八十多齣之譜。若貴妃醉酒。昭君出塞。烏龍院。打櫻桃。游龍戲鳳。翠屏山。得意緣。馬上緣。穆柯寨。紅鸞禧。戰宛城。閨房樂。胭脂虎。探親家。虹霓關。樊江關雙合印。破洪州。小放牛。雙鈴計諸劇爲一時拿手傑作。今年應天蟾之聘。頗受時人之歡迎云。

小桂鳳

小桂鳳卽田桐秋。二十年前以花旦享名都下。其盛況且在譚汪孫之上。一時無與倫比。其人身長玉立。酷類婦人。於貼已臻上乘。無劇不精。尤以閨門旦爲最佳。妙如拾玉鐲。鴻鸞禧。等皆爲他人所萬不能及者。曾搭四喜同春玉成等班。雖老譚菊仙月山等。僅爲壓軸。而以大軸屬桐秋。論戲則爲小上墳。送灰麵。小過年。打麵缸之類爲絕作。每至劇止場終。觀客猶有徘徊不忍去者。其受人歡迎可知矣。民國以來。不復登臺。偶應堂會戲。以貼界龍頭。非田莫屬。與青衣陳德霖。皆爲堂會中萬不可少者。今田年逾天命。而狀若三十許人。風采雖不如昔。然登臺後一種旖旎風流。尙非後生小子所能效顰。其萬一者也。

言菊朋　包丹亭　楊蘭亭

言菊朋爲都中名票友之一。唱白神情追步老譚。無微不至。老譚之戲如賣馬捉放曹南天門天雷報等十餘齣。無不工整。前在某公府堂會與王長林演天雷報做作學老譚處處老當。無疵可摘。洵票界第一流人物也。

包丹亭亦名票友之一。於文武崑家靡所不精。其對於步戰探莊戰瀧等劇。出神入化。一時無兩。觀者嘆爲絕無僅有。而打魚殺家之蕭恩昨夜晚一段婉折有味。壓倒又宸小培諸子矣。

楊蘭亭以青衣鳴於票界。與蔣芹香學陳德霖。惟妙惟肖。喉音高亮。獨步一時。其與包丹亭合演武坡與孫化成演南天門。眞票界絕唱也。

郭仲衡

郭仲衡初學醫。曾爲某醫院醫士。後在楊仲五藥房田賈洪林爲之說戲。請唱消遣。繼入春陽友會。袍笏登場。汪劉兩派之成都昭關。靳袍靳子並皆演之。頗負時譽。後受海上之聘。回京出演於中華舞臺。今入同樂園。白口唱工。除兩靳外都肖鳳卿。時人謂其學王者。郭頗不承認。謂因學汪故。不期而與鳳卿相符合也。

韓長寶

韓長寶在京與小寶義康喜壽稱後起三絕。厥後喉敗。略爲改色。然功架老到。把子穩練。乃大有尚和玉之風。以視寶義喜壽又似過之。喜壽曩在瀋陽演劇潦倒幾無以爲生。返京搭入三慶演唱。沾染雙江習氣。火色太重。已失其本來面目。喉音低暗。與長寶亦相埒也。小寶義嗓子亦不濟事。近不知所之。童伶習武生壯年即無好嗓。成爲習慣。抑亦可惜。

楊瑞亭

瑞亭爲秦腔花旦楊蘇翠之子。幼習武行。向在寶勝和打下手。後十餘年。竟以文老生稱武。於時眞所謂士別三日者也。其人面長頰削。扮相極不雅觀。演武劇每至揮武緊急時。或陡一平翻。或驟然獨立。腰骸工力雖似尚佳。惜非大方家數識者所不取。有時唱老生戲。欲進於鳳卿一流。然喉狹氣弱。音調全非。僅能於搖板之上句稍稍近似。常演空城計之諸葛。或謂瑞亭似周瑜而不似孔明。未免謔而近虐矣。

沈華軒

華軒初爲禮部書吏。喜串武生戲。由楊小樓爲之指授。亦票友而入伶界者也。其人項短肩闊。無論長靠短衣。扮相皆不雅觀。學小樓亦是未能得其佳處。庸庸碌碌。殊覺無長足錄也。

李吉瑞

都中武生。向分俞黃二派。互有短長。各不相掩。今之楊小樓尚和玉皆能傳俞氏之學。若黃則繼起無人。已成廣陵散矣。乃李吉瑞竟以黃派大家稱於時。月山死而有知。必當痛哭矣。吉瑞新城人。幼爲小吉利班弟子。及長走京師。委贄於黃月山之門。故亦爲玉成班武行人物。其人軀幹肥而短。扮相極不雅觀。嗟音宏廓有餘。苦乏韻味。搖板尚可免强充場。若慢板則轉折時與調違。無論西皮二簧。皆不能和弦入彀。既不善柔術。復不工技擊。欲贊一詞。亦實無從落筆。正戲如獨木關。盜御馬。落馬湖。溪皇莊之類。俗惡陋劣。未免有辱名師。有時演黃金臺。慶頂珠。賣馬等老生戲。不知自量。愈形其醜。吉瑞獨爲津人所嗜。故能享一時之名。歷年既久。積貲甚富。性雖陋吝。而事母極孝。是亦優伶中不可多得者也。

呂月樵

呂月樵京人。其初亦在科班習藝。相傳與楊小樓爲師弟兄。不知確否。論其技。在武生中尚不失爲三等角色。若唱文戲則生就一副左嗓。能拔高調而不能矮腔。有似烟囱放氣。高則高矣。可惜落不下來。甚無足取也。平日所唱雖能在一字半調。而戲迷傳中學孫菊仙。放寬音則成扒調。探母斬黃袍。又不能使戛調。足見純屬邊音。毫無中氣。只可謂之爲號。不能稱之爲唱。某評劇家謂津人稱其取城都爲得大頭之遺響。嗚呼津人雖不知戲。當不至荒謬如是也。目蓮救母戲迷傳稱爲拿手頗自珍秘。實則救母除擺羅漢。用燈彩外亦卽無甚可觀。論唱無非一味鑽高。論飛叉雖下手武生亦復能之。皆無價值。戲迷傳一味胡鬧。尤復不成正文。他姑不論。卽就摹倣各家腔調而言。只學老鄉親。尚覺依稀彷彿。但已變成扒調。此外則未見其似也。

何月山　樊春樓　聞蘭亭　張鶴樓

本天津一打英雄耳。其藝遠在薛鳳池下。只以血氣方剛拚命擇打。遂得爲武戲。正角初走東三省。亦甚平常。嗣來滬上。居然名角矣。何之演金錢豹也。以叉在兩臂盤旋不已。此種技能。蓋自京中出會之開路鬼耍叉中得來。品格至下。非舞臺上所宜有。何慕呂月樵爲人。亦欲以武生而唱老旦。初只能吊金龜一劇。今則全本目蓮救母矣。其唱調絕無格律。一味極號怒吼。固覺遜於呂月樵。且亦不及楊瑞亭。以方達子。庶乎近之。何每唱至淋漓痛快處。橫眉怒目張口若盆。若無弦鼓相應。幾疑其爲嚎啕大哭。此等惡態。則又小達子之不若矣。武戲以勇健稱。在上海時。以演年羹堯鐵公鷄之眞刀眞槍名著一時。某日演年羹堯。竟敗於蓋叫天之手。語云善騎者墮。其信然歟。以是輟演。殊怏怏不得志。自何來滬。以江湖賣解之技。爲海上顧曲家所欣賞。於是一般類於何者。咸聞風而至。以冀增其聲價。先有樊春樓。後有聞蘭亭。皆平常。不足以顯其大名。近有張鶴樓。亦何月山之一派。年來大名馳譽。駸駸乎駕何而上之。亦未易易也。

毛韻珂

毛韻珂爲張國泰之入室弟子。初習秦腔。花旦。又投伯淸門下習二簧老生。然韻珂本假嗓。不能顯名於時。遂改習梆子。而老生亦兼唱之。其音似高。實則膚泛。平平唱演。既苦乏味。吭喉一控。音節便乖。乃韻殊少自知之明。故二簧老生戲。如碰碑空城計。罵曹連營寨等。竟至無所不唱。且傍及白門樓黃鶴樓之小生。獨木關盜御馬之武生。雖博雙行多才多藝之譽。而在識者觀之。殊未稱意。

潘月樵

月樵又名小連生。江陰籍。初出臺時。唱雖不佳。嗓音尚有。做工亦守範圍。倒嗓以後。無當意處。月樵曾入政界有年。光復後。復出。專演新戲。如文明人孶姑之艷史等類。無聞於時矣。

麒麟童　石月明

麒麟童周姓。名信芳。甬人也。習老生。竭力發聲。僅及調底。天不與以唱戲本錢。亦徒喚奈何而已。論其材料。充配角以不能守規。故尙難勝任。乃海上劇界。竟奉之爲名角。亦可謂僥倖一時矣。童自知嗓音不能勝任。以工作老生自命。演盜宗卷摹史直類顚狂。演天雷報飾鄉愚如乞兒。演烏龍院則宋公明嬉皮笑臉。演梅龍鎭。則正德帝形若拆白。實無一長處。不知其佳妙在何許也。石月明更出童伶之下。亦以做工老生自命。而在在呆板。處處脫節。遠觀其戲形。幾疑爲大劈棺中仙童仙女神氣。

趙如泉

趙如泉亦以做工老生自詡於海上劇界。然其所操之技。實不足爲外人道。特一中駟才耳。論其武生則既不能短打。又不擅長靠。論其文戲則聲喉不佳。天賦不足。每發聲如乞兒之叫街。潑婦之罵座。彼若自知拙處。亦斷不肯再以歌喉向人矣。無如趙氏不能藏拙。如汾河灣御碑亭烏龍院梅龍鎮等劇。偏去大唱而特唱。在一般稍有劇學知識者聆之。未有不厭惡者也。

小達子

小達子天津人。初學李吉瑞。專演武生。繼慕魏連陞。復能秦腔。在津亦殊碌碌。走海上。名始大噪。滬人於音節講求未深。以巨聲爲喉佳。以過火爲精采。達子既得名。益無忌憚。於是併二簧老生亦唱之矣。其人貌殊不揚。舉止又甚粗野。嗓筒甚大。有聲無韻。雖然不惜氣力。反似自形其拙。以文言則唱工說白均無可取處。以武言則柔術技擊。皆所不能。秦腔既尚未嫻。陝音二簧亦復莫辨。徽漢身段作工亦無所取耳。

馮子和

子和原名小子和。字春航。童年時代。在滬演唱青衣。知音甚鮮。後得孫供奉提携。始得彰其姓名。嗣以嗓敗。改演花衫。態度雍融。頗有大家風範。演新劇梳油鬆辮。學時世裝。酷肖學生。且能按風琴。歌西洋曲。滬人士爲之顚倒。不置一般無恥文妖。復爲之設黨利集。互相標榜。而馮之大名。遂獻蜚聲南北。此在民國初元時。爲子和之全盛時代。流光荏苒。馬齒加增。近年軀幹忽發胖。演花衫失之太肥。捧者漸已無人。子和終以名伶之身價自居。包銀不肯稍低。晚近海上梨園。絕少聘用。亦猶李吉瑞在津之境遇。平心而論。春航從時下時行之滑頭新劇。頗能稱職。若以舊劇之眼光衡之。演花旦嫌面目太板。軀幹太豐。如唱青衣。又覺聲調全非。擅長者僅吳儂軟語而已。子和在津演劇。吳語不能與人。所以不受人歡迎。除少數南妓外。絕少知音。子和潦倒一身。不禁有今昔之感也。

李長勝　李長奎

長勝津之北鄉人身侏儒腹便便故多以李大腹呼之有弟名長奎唱皮皇老生已爲老臉兄弟皆係票友出身無他長處只覺其字音正確腔調平穩而已復以濫用鼻音自爲能事然究屬非驢非馬長勝來滬多年庚子後曾一度來津搭入上天仙內登臺之第三日與劉永奎合演雙包案竟爲劉所敗遂一怒返申近年以來滬人觀劇程度漸次增高毀詆者衆長勝遂無用武之地怏怏不已無奈從子和北上亦潦倒不堪云

蓋叫天

蓋叫天近時爲短打戲武生之首選技術精進人多知之然彼猶不以一得自封尤足多也能劇如武十回乾元山等嘖嘖在人稱道中乾元山中扮哪吒身材短小而活潑恰合身度舞圈之技尤爲絕作他人所無雲路中鎗圈並舉且歌且唱身段千變萬化曲盡其妙聞叫天此戲授自牛松山實青出於藍若能

精益求精在念白上稍加練習。則蜚聲社會。可計日而待也。

高慶奎

慶奎以掃邊出身。乃一躍而有今日之身價及地位。實非易易。近年馳譽海上。初在第一臺頗賣座。後至亦舞臺。亦頗見許於顧客。其來滬也。與父四保偕至。四保固都門老伶工。慶奎得益不淺。其唱珠簾寨一劇。耐人尋味。唱工既不弱。說白又清爽。對刀接箭等場。亦均大有可取處。以做白論。固在劉跛子之上。以之唱大報仇鳳鳴關南陽關等。作游刃有餘也。

趙子敬

子敬為韓世昌之師。頗工文墨。平生喜研究崑劇。然博則博矣。精熟究欠一着。在京師頗有人稱道之。記者前日曾在友人李君處。得觀趙劇。李君亦名票友。李宅中有衣箱場面。因並彩唱。趙投袖舉手之間。尚未神化。後質之李君。果然。近趙君尚在精心研究。他日倘亦全材也。

楊小朶　小小朶

小朶字笑亭。名伶桂雲之子也。桂雲業貼。以兇悍見長。即今之新劇家所謂潑旦是也。小朶傳乃父之衣缽。技雖不逮乃父。然貌則勝之。在滿清光緒末年。盛極一時。近以年長色衰。不常登臺。然以技論。桂玉珊之後。鮮能與之頡頏者。子套兒唱老生。名小小朶。數年前演於沽上。爲童伶中之翹楚。今倒嗓已久。不復能歌矣。

吳彩霞

彩霞爲瓜光之子。瓜光旦界之能者也。而彩霞亦蜚聲歌場。可謂不忝前人矣。彩霞擅青衣。雖其喉較拙於乃父。然音韻堅實。腔調工穩。亦爲旦界所難得之人才。近年以來。與劉鴻聲配戲。用力逾量。喉乃大傷。雖善加調護。亦似過不如前矣。

姜妙香

妙香與梅蘭芳姚玉芙諸子。同爲程德霖之弟子。在光緒中葉。其盛況不亞於今日之梅郎。近乃嗓音忽變。聲價一落千丈。遂亦不復登臺。後改小生。以藝事不佳。亦殊鮮人過問。近演黛玉葬花中之賈寶玉。名似稍起矣。

趙仙舫

丑角人才極消乏。自劉赶三羅百歲之後。鮮有繼者。近之趙仙舫。以說新名詞見稱於時。然舊規略失。近乎今之新劇家矣。仙舫向習花旦。以隆準不甚美觀。改習丑角。故人以大黑子呼之。趙飾連陞店之店家。探親家之鄉婦。均尙可取。餘則無足道者。

白牡丹

白牡丹姓荀名慧聲。直隸人。賦媚天生。嗓音清剛圓闊。西皮二六尤爲擅長。做工雅飭。蹻工矯捷。道白清脆。其演小放牛諸劇。梅羞柳媚。入骨三分。其演樊江關也。穠麗英爽。恰到好處。其演醉酒也。身軟骨酥。飄飄若仙。其餘各劇亦均悉合身分。不卽不離。荀以梆子出身。然做工道白。絕無梆子習氣。更屬難能可貴。自玉珊過去。花衫一途。人才缺乏。小朶已決不登臺。桂鳳老矣。潤卿稚弱。非白牡丹執牛耳而誰。近聞荀郎更力自揣摩。不肯以一得自封。尤未可輕忽視者。

綠牡丹

白牡丹享名海上。而有綠牡丹出焉。初與白牡丹共隸亦舞臺。綠尚雛髮未乾。乳臭不調。稍有資色。而捧之者甚衆。一般文妖。評其色相。如何環肥燕瘦。如何天仙化人。言者津津有味。聞者涎垂三尺。不知是何居心。近入大世界。居然以名角自視。抑亦不足齒之甚矣。

賽達子

賽達子不知其姓名。近搭亦舞臺。皇然高懸南北馳名之文武藝員。其所謂拿手傑作。不過竊取小達子一二齣。請宋靈風波亭耳。小達子一味亂唱。搖頭晃腦。旣爲顧曲家所魔視。乃復有人取法於小達子者。愈趨愈下。眞不可爲訓矣。

小桂紅

坤伶小桂紅色藝雙絕。童年卽名震一時。擅長旦角。風貌出衆。飄飄若仙。觀其劇者。每至心蕩神移。前在法界共舞臺時。爲全盛之日。每登臺簾幕啟處。萬人鼓掌。而海上一般惡少。更趨之若鶩。每下臺。尾之者絡繹不絕。桂紅後以精神不繼。患虛勞疾。不治下世。

張文艷

文艷杭人。亦名馳江浙兩省間。一般好事者爭捧之。尊爲文艷親王。近搭法界共舞臺。頗賣座。文艷貌雖中資。而身材婀娜。如臨風楊柳。吐屬文雅。嚦嚦如鶯。專演紡棉花十八扯探親相罵等劇。其風騷獨絕。不讓小桂紅云。

露蘭春

露蘭春亦爲近今坤伶中之名角。演花衫。色藝獨絕。嬌小風騷。其貌固在文艷之上。且捧之者甚多。一時譽滿春申。諸惡少尤無日不伺其色笑。有包探黃某者。一見頃心。卽與之訂盟。另卜一宅同居。近則不復登臺矣。

林黛玉

林黛玉旣以妓界四金剛見稱。復有名於劇界。初入羣仙茶園。唱老生。捧者甚衆。名震一時。今年逾花甲。尙能登臺奏曲。前在法界共舞臺客串紡棉花回荆州二劇。其臺容唱念整齊。老當不減當年。而紡棉花中之北調。更能以蘇人効北調。輕圓流利。不脫不黏。尤非尋常妓女所能効法者。黛玉誠聰敏過人。擬之於李春來六十登場精神矍鑠。此二老其可謂劇界之大老矣。

小翠喜

津沽女伶小翠喜。色技兼優。一時上駟之才。翠喜本燕產。貌纖秀。細腰如楚柳。柔肢若吳藕。高髻明裝。肌理瑩潔。春風綺恨。紅艷凝香。千載而後。彷彿見飛燕後身。工青衣。傾倒一時。每結束登場。令人看煞。靡靡之音。更耐人尋味。略識字。後爲政界要人娶去。貯之金屋。自是人間遂無聞其雅奏矣。翠喜姓陸。小名燕萍。

尤鑫培

鑫培奉天某班之坤伶也。唱花旦。色藝雙絕。時吳綬卿將軍一見嘆賞。連聆其妙奏。暇日猶復結束登場。與鑫培配角。英雄兒女。千載一時。時徐世昌方任東督。與綬卿忤。封禁其劇場。鑫培泣告綬卿。綬卿慰之。明日錦衣怒馬。從衛兵五百人。前後麾幢。迎娶鑫培。魚軒載之。紅顏綠鬢。與將軍輝皇之軍服相映。射市人聚觀。幾以為紅拂藥師重來。訪虬髯於扶餘國也。鑫培可謂一時之榮。後將軍死。有人挽將軍詩云。天生如此英雄骨。半為山河半美人。言娶鑫培事也。

王克琴

十年前京津一帶。唯一之坤伶。莫不曰王克琴。克琴專演花旦。以小上墳打扛子等頑笑戲為尤擅長。其貌白晳而腴。眉目亦頗流利。當在津之時。聲譽廣大。色迷之意不在戲。宜乎捧場者日以多也。十六歲為下天仙東天仙二園所爭聘。服飾鮮華。起居闊綽。氣焰大張。時有泗州某公督直時。雅好唱戲。又極賞王克琴。聲價因以十倍。後克琴走奉天。爲馬賊刦去。備受痛苦。及釋歸。徧賂各報記者。爲彌縫其事。轉瞬間爲張大辮賞識。貯之以金屋。遂不復登臺。近則富埒王后。與大辮脫離關係。獨居深處。作養老計矣。

郭少娥

髦兒戲之在上海。已成過去之事。然當清末之季。有人能支撐此衰落之營業。至十年之久者。獨一郭少娥耳。少娥擅鬚生。始爲羣仙茶園之臺柱。繼爲後臺主任。會前臺以營業不振。折閱多金。決意停止。少娥乃運動其姘夫投鉅資於園中。少娥遂得仍其舊。後購養女多人。教以戲劇。其門庭亦殊不寂云。

鳳仙

少娥養女中有名鳳仙者。美麗無匹。演閨門旦。刀馬旦。其藝亦絕佳。鳳仙年及笄。後正如奇花初胎。紅氍毹上。不知顛倒幾許急色兒。滬海關道某某第三子。

以二千金爲之梳櫳再擬以八千金藏之金屋少娥居爲奇貨不許詎知鳳仙不甘獨宿中多妄費卒致潦倒終其身

鮮靈珠

鮮靈珠人莫不知爲京津間鼎鼎大名之坤伶色藝與劉喜奎並稱一時捧場者都京中名士派有鮮黨之名目鮮靈珠頗解文墨書法順精去年龍陽易實夫(哭盦)死鮮靈珠曾手寫一聯挽之云（靈珠不靈難延夫子十年壽哭盦誰哭瞻有兒家兩眼皮)(自注云夫子言觀劉喜奎一劇可延壽十年妾自愧不如也)語最純摯而出於女伶中不可多得也

劉菊仙

女伶劉菊仙於民國六年間獻身舞臺色藝冠時名噪京國已歸虎門提督李準爲小星客歲樊樊山集詩鐘題爲合詠菊花限龍字佳製甚夥而樊山皆不甚愜意有某君有云李虎門携仙子去易龍陽詠黨人堆極工巧（易石甫在

滬聽某女士演說。有天女飛來曼陀雨。黨人堆作菊花山之句故云。）

恩曉峯　尹桂蘭　何翠寶　趙紫雲　小蘭英

十年以前。天津女伶盛行。若王克琴尹桂蘭之以花旦著名。何翠寶趙紫雲之以武生著名。小蘭英。恩曉峯之以老生著名。恩之老生。頗得叫天神韻。一時無匹。致達官捧之。名士捧之。武人捧之。一切色迷。莫不大捧。而特捧曉峯。亦曾來海上。盛極一時。隸天仙茶園。戶限爲穿。一般寓公。派之拆白黨。更延至其家。命其坐唱一曲。醉翁之意。不在酒。其技固無足論也。恩至今則已爲老去徐娘。不復能唱演矣。其遇亦今不如昔。美人如朝露。良足惜也。

李雪芳

李雪芳。字畹蘩。粵東女伶也。產於南海樵山。行六。人以六姑呼之。母衞氏。賁隅世家女。兄弟皆以書畫名於時。故衞亦能文。雪芳得母教甚深。亦知文學。諸兄倡革命。奔走國事。居外者多。而雪芳孝事其母。鄉里稱之。年既長。惑兄種族之說。亦投身其中。藉演劇奔走國內。與女同志吳一新黃愛羣等組織女劇班。暗負輸軍械之任務。而革命黨人朱璣君實爲之指揮。班名曰醒同羣。義有所取也。雪芳更竭力募資北伐。在南洋所得鉅萬。皆匯寄南京軍政府。後雪芳之名一噪。南洋華僑投以巨款。悉數移作軍費。其俠可嘉如此。光復後。專以演劇爲務。組織羣芳艷影班。雪芳自爲臺柱。一串珠喉。萬人驚稱。遺老若康南海等皆爲捧場。其能戲如白蛇傳。祭塔。林黛玉葬花等。無人不稱揚其佳妙。曾二次來海上。譽滿衆口。粵人更豔稱之爲如天上安琪兒也。

蘇州妹

蘇州妹姓林。名綺梅。與李雪芳齊名。同爲粵中著名女伶。貌艷於雪芳。而歌喉次之。在粵爲鏡花影班中之臺柱。聲價甚高。每年包銀五萬元。價格不亞於民國大總統。捧蘇者常以此自豪。號之曰菊國大總統。蘇伶唱本與雪芳異曲同工。如夜送寒衣。夜吊秋喜等劇。唱做俱佳。論者謂蘇伶之眉目靈動。深得嬌憨兩字。所演之戲。常覺宜戲宜嗔。面龐俊俏。直類吳中美女。所以稱之曰蘇妹。在粵東伶界中首屈一指焉。今來海上廣舞臺賣座極佳。

張淑勤

張淑勤亦屬粵東女伶。與蘇李鼎力齊名。每年包銀三萬元。論其做工唱工。有識者總以張伶爲第一。但覺上裝以後面龐太瘦。下裝後婷婷嫋嫋。貌頗不弱。對於文戲武戲悲劇喜劇。無所不能。近日廣東男班日漸淩替。如張伶之全材。恐亦不多見云。

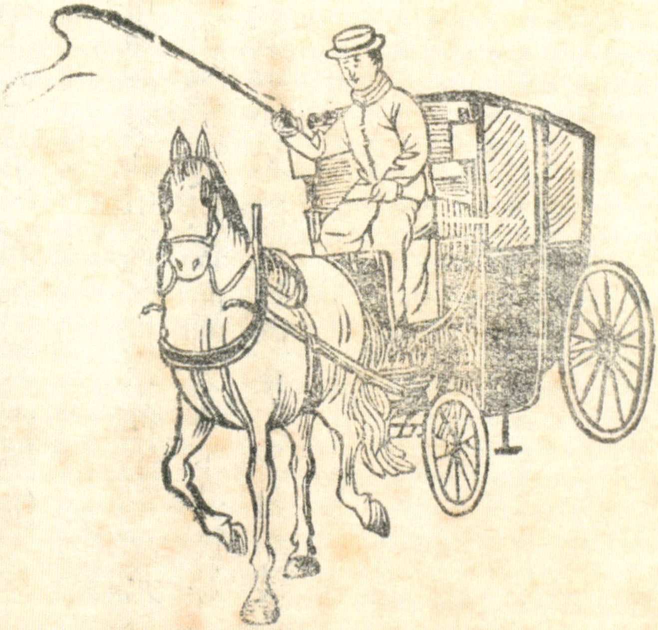

最近一百名伶小史終

◎朱書紳

同光朝名伶十三絕傳略

同光朝名伶十三絕傳略

徐良

吾友進化社社長朱君復昌乃報界之巨子秉性瀟洒肝膽照人對於梨園衛護不遺餘力適得一傳真像係八十年前伶界先賢一十三位遺容之巨幅且先父遺容亦列在內瞻仰之間不禁淚下因思余年已花甲名利兩虛愧悔交加徒傷老大無成無就夫復曷言今

朱君擬將此前賢巨幅影印多張以廣流傳囑余為序並余係梨園後輩謭陋不文焉敢著筆無已遂將余當時所發生之感想書於像後俾作拜識前輩之紀念耳

民國辛巳年春三月敬書於宣南　時慧寶拜識

十三絶圖譜序

蓋聞徵信史以稽古，傳列伶官，逢佳士必寫真，詩吟工部，買絲而繡，雅愛平原，范金以爲，情殷范蠡，緬當盛世，奏笙歌而共樂昇平，美彼羣仙，咏霓裳而咸稱供奉，游藝既登夫上苑，聲華遂溢於春明，於以各抱雋才，羣推獨步，雄難並世，藝足千秋，此十三絶圖之所由作也。是圖爲清季名丹青沈蓉圃所繪，絜取同光猗代，徽崑名賢，萃十三人以成圖，聯百八珠爲一串，計生色者六，曰程長庚，曰譚鑫培，曰楊月樓，曰盧勝奎，曰徐小香，曰張勝奎，爲旦色者六，曰梅巧玲，曰余紫雲，曰時小福，曰朱蓮芬，曰郝蘭田，曰劉趕三，更益以楊三之丑色，共一十有三人，悉菊部之前賢，負鴻名於當日，神情宛若，藉石田之妙手以傳，風度斐如，覺長康之點睛猶遜，奚惟棃園後進，仰止前賢，斯真藝苑奇珍，爭先快睹者也。書幸於客歲，得珍蹟於故家，遂寄友邦，託景印乎哲匠，妃黃儷白，藉保廬山，直尺枉尋，納藏芥子，更挽諸賢哲嗣，分製序文，並邀當代名流，惠加題詠，且更師彼獺[illegible]，分編作傳，集茲狐腋，萃聚成裘，藉廣流傳，用公同好。嗟嗟，問興衰乎唐室，尚著梨園，覩威儀於漢官，惟餘鞠部，撫今追昔，嘆情事之已非，感逝披圖，喜聲容之若接，雖箕裘紹業不乏世家，衣鉢傳薪儘多子弟，而天寶年不堪回憶，莫覓前塵，廣陵散那得重聞，早成絕響，然則斯圖足貴，詎讓晉代十三行，其人有功，直擬徽班廿八將矣，是爲序。

歲在玄黓敦牂嘉平月朱書紳識

題十三絕圖詠

景孤血

復公社長，得沈蓉圃繪十三絕傳眞像，景印公世，喜其墨彩如生，吹氣欲活，因題絕句二十首，以誌欣賞。

此亦凌煙麟閣同，好從筆底認羣公，紫光一例非輕薄，曾貌文皇日月容。徐澂園尚書集中，有「咸豐九年十月十二日上御淸暉堂，勅畫御容沈振麟恭繪甫畢，『天顏有喜』，親書御容傳神妙手六字，賜沈振麟，賦紀恩詩一首附卷尾，屬爲和之。光緒壬午五月一日謹題」長歌一首。

賺池題襞卷瑤函，骨相恢弘世所諳，一事憾爲金罍惜，不將赤魅貌何戡。中無花面，故何桂山一流，不能列入也。

色比荃熙花鳥佳，東瀛綵本付膽排，傷心一炬紅巾火，不見廊房誠一齋。廊房頭條之誠一齋門首，舊懸弋腔十三絕傳眞，爲賀世魁手繪。惜經光緒庚子兵燹，付之一炬矣。

足厯丹毫賀世魁，亦堪顚跋媲鑫培，拘墟翻笑梁新會，不是超回賦若雷。梁任公爲譚鑫培題畫像有「四海一人譚鑫培，聲名廿世轟如雷」之句。超回：任公字也，見於李滋然之「采薇僧文集」中。

從來珍物費冥搜，孔履何妨配莾頭，記得南園遺物展，只餘一幅鎮潭州。二十年前，有人在城南游藝園舉辦「名伶遺物展覽會」，臚列遺物珍品甚夥，然亦未見有若此圖之歸然鉅觀也。

綴玉軒中思志誠，羣花列炬眼難明，一般珍物須分別，廟首難渝鬍子生。從前精忠廟首事人例爲鬍生，不得以占行混充也。

傳眞昔說寫松壺，譚與雙劉貌自殊，此事但堪搗叔賞，三圖曷若十三圖。聞北城一舊家，自繪烟壺，以譚鑫培與唱大鼓之劉寶全，說評話之雙厚坪同列，號爲「三絕圖」。

亂後文瀾補拾難，廣明刼後此叢殘，絕勝潞水王公子，英秀堂前集戲單。顧誤生有「英秀戲單第一集第二集」。

如此儀容出道家，逼人忠厚整烏紗，休寧不數篁墩貴，亦有詩書氣象華。程玉山之羣英會魯肅。

小史無從記蝶仙，太常一例恐難延，徐於南返之後消息欠詳，僅傳留髯一照而已。兩眸烱烱隆長頰，果是能燒下瀨船。徐小香之羣英會周瑜。

如戟長髯綴雉翎，眞同白日黯幽州，粉侯恰是如淵貌，不信歐陽麟閣猴。楊月樓之四郎探母楊延輝。楊有楊猴之號，觀此殆不知其何以名也。

紫服蒼髯盡瘁形，前軍又報失街亭，羽綸莫當黃台吉，盧後王前失九齡。盧勝奎之空城計諸葛亮。盧有「台吉」之稱，故於三句云然。

蒼顏觚帽黑衣頹，眞似孱（平聲）懨撩玉杯，怪煞貌腴饒死色，何須歎鼻漬油來。張勝奎之一捧雪莫成。

何處摹來胖可敦，鈿欹珠繞雪膚存，天生一種宜男相，不怪梅花屬阿孫。梅巧玲之雁門關蕭太后。

果然豕喙似元璋，斜負金鏢貯繡囊，此未成龍虬已伏，國初武健海澄黃。譚鑫培之惡虎村黃天霸。

紈扇書名憶紫陽，無心巧合四箴堂，廣和居渺潘魚歇，別續池蓮一脉香。朱蓮芬之琴挑陳妙常。

不信伊人屬酒徒，鎢籃携出飾羅敷，八仙弟子今餘幾，欲問鸞眠春夢蕪。時小福之桑園會羅敷。

幾回土蝕鬱金裙，誰向揚州乞紫雲，果有朱欄今亦朽，年年花臏繡毬芬。余紫雲之彩樓配王寶釧。

果是藍田種玉多，外家生得好珊柯，（謂瑤卿鳳卿昆仲）斯人若使今猶在，古瑁軒中楊令婆。郝蘭田之行路康氏。

面紋瘦作老龍皴，大似秋姑可怖人，莫道槁形今日絕，鱖頭臺笠亦成陳。劉趕三之探親鄉下媽媽。

猴頭堊面頸如龜，南士由來滑似脂，不拜文忠先拜汝，明朝便剃卓枝眉。楊鳴玉之思志誠天明亮。其第三句以有「楊三已死無蘇丑，李二先生是漢奸」之一聯也。

十三絕圖像贊

翁偶虹

（一）程長庚

可儒側注，可聖逍遙，八風從律，信如日月之昭昭。

（二）徐小香

曲有誤，周郎顧，畫中周郎音容駐，音容雖駐曲有誤，安得周郎今再顧。

（三）盧勝奎

隴中策，西園客，天地一嘯梨花白，可知臥龍已點睛、絲竹陶熔君爲伯。

（四）張勝奎

爲客爲主，乃歌乃喉，毹毹哲範、銀鹿春秋。

（五）楊月樓

樓高月小，其光皎皎，鯤乃化鳥，鶚視鷹揚於藝圃之表。

（六）譚鑫培

草莽亦出大王，大王亦出草莽，天下歸吾掌，令子令孫承遺響。

（七）梅巧玲

梅占百花春，人看雁門關上人。

（八）朱蓮芬

琴對知音彈，大珠小珠落玉盤，瑤天笙鶴，幽谷芳蘭，樂府十五俱珊珊。

（九）余紫雲

截貝編珠，卓爾不羣，芙蓉藏岫，岫有新雲。

（十）時小福

洞庭山下，玉女羣居，披之絃管，淸極太虛。

（十一）郝蘭田

藍田有玉，玉不自珍，爲瑤爲琱，乃貽他人，風雨行中君有訓，善爲伴，德爲鄰。

（十二）楊鳴玉

翻覆手，縱橫口，扶盧而外君知否，李天下爲天下首，楊三已死無蘇丑。

（十三）劉趕三

胡爲虎符皐比貂蟬袍笏之中，竟有老嫗而列容，此嫗非覡非尸非靈，乃天地秀氣之所鍾，抵掌談笑無不工。

十三絕圖譜詩 並小序

譚小培率子富英世英拜題

進化社　朱社長以翻印徽班十三絕圖譜見示，蓋清季名傳眞家沈蓉圃所繪，同光之際梨園俊彥一十三人之圖像也。優孟衣冠，栩栩如生，面目鬚眉，各具神理，而　先君鑫培公之黃天霸肖像亦在其中，對之肅然，不禁慨嘆，日月旣邁，繼武無能，未嘗不撫心自愧，爰各繫以詩，而於　先君位下加吟二首，以寄微意，後之閱者，不以自詡家世爲嫌也，幸甚。詩附後：

程玉山　羣英會魯肅

紫服烏紗貌若生，古今面目兩相成，大夫忠篤公淳厚，義博梨園讚不名。行中以敬公素行至今舉之者稱大老板而不名

盧勝奎　空城計諸葛亮

君才原自勝曹郎，梁父高吟亦擅場，却惜並時生操懿，豈惟無命恨闕張。盧君飾連台三國志中諸葛有活孔明之目而至今乏赫赫名所以然者同時有程楊諸賢耳

張勝奎　一捧雪莫成

好古流風作禍胎，頭顱一笑委蒿萊，如何義烈能神似，多分還由血性來。

楊月樓　探母楊延輝

翟羽貂蟬耀粉侯，更從英俊見風流，楊家將種原轟烈，借用礰碑蘇武詞中生下幾個羊羔子轟轟烈烈在世上句意豈是衣冠笑沐猴。公幼曾以

飾猴子得名故俗稱猴子及年既長仍以生行博譽也

徐小香　羣英會周瑜

風流儒雅意蘧蘧，似飲醇醪味更腴，要使君侯輸假借，（世傳大老板會以生意欠佳挽之回班徐以第一次必演借雲爲要挾蓋意在班主勢危借助也）果然一戰振東吳。

梅巧玲　雁門關蕭太后

端肅金容滿月姿，似從慈壽竊威儀。牡丹自具花王相，漫訝孫枝孕玉兒。

朱蓮芬　琴挑陳妙常

孤抱冬心託素琴，自將幽賞寄高深，一從雅調廣陵散，古趣銷沉直到今。（自君故後世風移易崑曲日見銷歇矣）

時小福　採桑羅敷

荊布鵶鬟見靜恬，豐容盛鬋具莊嚴，誰知鐘呂銷亡後，靡靡音從暗裏添。

余紫雲　彩樓王寶釧

阿翁門第弭金貂，（君爲三勝公之子）百寶妝成別樣嬌，自有餘鋒雄蠆尾，（生叔岩昆玉）漫將中弱惜蜂腰。（兩世生行中衰古工正似離火之中爻也）

郝蘭田　行路康氏

癯顏白髮老梅魂，眞似烏鴉噪晚村。（用行路原詞意）阿大中郎光此日，（外孫爲瑤卿鳳卿昆仲）論源還出謝家門。

楊鳴玉　思志誠明天亮

化身市井狀痴頑，妙語眞能八面關。（明天亮三字亦借南音爲京中之俚語暗諢）一自佳聯關傳相，（楊三已死無蘇丑李二先生是漢奸一聯當時膾炙人口）楊三名姓嶄如山。

劉趕三　探親鄉下媽媽

蹶脚鮎唇背似駝，傳神阿堵妙如何，莫論出語驚朝貴，鞠部而今重丑婆。

先君　惡虎村黃天霸

抹額包巾短後衣，崑崙妙手是耶非，高名豈易尋常得，半世江湖志不違。

又二首

水到西江九派分，繪聲摹影日紛紛，廬山面目誰求得，空向梨園聳異聞。

箕裘五世保家風，（自先祖鬻藝以來下逮愚父子及小孫百歲已五世矣）啓後承先勣亦雄，我自趨庭聞矩矱，緒餘身手莫微同。

先外祖郝君蘭田小傳

王瑤卿

朱先生復昌得沈容圃所畫之京伶十三絕小像，先外祖郝君蘭田是其中之一也，朱先生詢先外祖生平於瑤卿兄弟，瑤卿及弟鳳卿，其生也晚，皆不逮事先外祖，顧嘗聞先父耀庭君，先母郝太君，述先外祖佚事，因略知其梗概焉，先父母之言曰，先外舅先父郝君蘭田安徽人也，生于清宣宗道光庚辰歲，以家故，入某科班習爲伶，初習老生，當是時，徽地盛行祭風臺，與京師三慶部所演者，穿插大不相侔，而今日京伶擅長之借東風，俱並徽派，三慶派則于楊月樓死後，久佚之矣，則祭風臺因有優長之處，胡可厚非也哉，先外祖般諸葛忠武侯聲容並茂，于是其名大噪，此先外祖少時事也，及年三十餘，人謂之曰，郝某汝技藝之佳，人所同知，而汝之姓名，不出於里閈，不亦大可惜乎，方今北京演戲一道大盛，繁華之迹，非一兩言所能盡述，徽伶，前則米喜子，後則程長庚，皆以入京而名利雙收者也，今米喜子雖久已亡歿，而程長庚掌三慶部，名震一時，士大夫如延樹楠者，而冷如冰，亦見之而笑，與之語，刺刺不休，人稱之曰大老板，名傳宮禁，較米先生更盛，汝其有心步其後塵耶，切勿自甘守鄉園，以悞前程，苟如是則不免自暴自棄之咎矣，先外祖曰，諾，我必入京演唱，雖不能步武米程二先生，當亦可獲微名，作二路脚色，如盧勝奎耳，其人曰有志之士也，大悅而去，越二十餘日，先外祖即束裝北行矣，既至京，曰，程大老板篤于鄉誼，今往依之，當無不濟，程所居曰四箴堂，先外祖聞之已久，是以未甚訪覓，卽至程之家焉，以名柬入，程大喜曰，郝某來耶，我增一臂矣，卽延之相見，使入三慶部大下處宿焉，其中因多徽人，皆大歡悅，程詢曰，君以何戲爲擅長，先外祖對曰但求不爲人所短，敢言長耶，程曰，太謙亦爲不誠，君宜直言，先外祖笑曰，似般諸葛亮，有一寸之長耳，程謂管事人殷容海曰，明日卽派郝君天水關可也，容海如命，翌日登場果爲坐客忻賞，容海曰，此始謂之諸葛亮，豈傖夫所般之豬狗樣，所可同日而語哉，無怪郝君學毛遂自薦矣，程方排全部三國志，夫三國志百二十回，事迹繁雜，果演全部，誠非易事，程之所排但由馬跳檀溪起，至戰長沙收黄忠爲止耳，烏林一役，程般魯肅，徐小香般周瑜，先外祖般諸葛亮，工力悉敵，相得益彰，先外祖演訖，笑語衆人曰，甚矣哉，人之當多搭班也，我自今而後又知三慶派之借東風矣，因與徽派異也，我又增加一識見，亦大可喜，衆曰，君之虛心好學，我輩皆對之有愧，先外祖揖曰，尙望諸先生時時指敎，則末學新進之大幸也，而三慶部方闕老旦，先外祖乃改老旦焉，時老旦唱法呆板，先外祖運以花腔，坐客大悅，先外祖般法門寺劉媒婆，行路時一段唱工，今尙風行其韻調，莫之能改，兼能般丑，雙釘記卽其所創，又般淮河營之田子春，亦工妙，人以三劇爲郝氏三絕，崑曲亦精，尤以守門殺監擅長，弟子三人，曰劉趕三，曰周春奎，曰陳五，自長庚亡，乃謝絕歌場，寓居東城，同治壬申歲，以病卒，子玉麟，亦習老旦，藝終不成，忿而改業，瑤卿又聞陳墨香公子言，先外祖於都察院堂會般守門殺監，御史毛公曰，絕技也，給四金，人曰都察院戲價至微，給一金而已，郝氏子乃獲重賚，眞異事也哉，毛公陳之外祖也，瑤卿與陳交厚，不意二人外祖有此遇合，謹述此以呈朱先生，其俚詞拙句，尙希朱先生改正，則先外祖賴朱先生以傳矣。

十三絕圖序

金仲仁

余本前清奉恩將軍滿人也，宣統元年入貴胄法政學堂肄業，未幾辛亥事起，國體改變共和，余遂棄儒遨遊四方以廣見聞，幼年嗜好皮黃，知梨園中小生角色爲最難者，乃一意研究，舉凡小生戲劇文武崑亂無不悉心探討練習而成就之，厥後乃投身梨園界，專以售藝博取升斗，三十餘年來，馳往南北各省，頗受士媛歡迎，但每一憶及梨園著名諸前輩，私心嚮往，欲一一以瞻其丰采，胡可得乎。

三六九畫報主人朱君復昌，乃余二十餘年之好友也，近以已故畫師沈蓉圃所繪梨園名人十三絕圖縮影成帙見示，此十三人，皆五十年前名噪都下獨無僅有者，堪稱希世之瓌寶，不禁喜極欲狂，弗忍釋手，圖中所畫諸人，無不繪影繪形，維妙維肖。余生也晚，圖中人物能於生前見及者只譚公鑫培一人耳，因民國八年，余在京第一舞臺組班，曾約其加入演唱，是故每日會見數月於茲，圖中更有一人，乃余所不能見而竟能親見及之，其人唯誰，原余於光緒年至滬赴友人宴，座中一長眉俊目鬢髮斑白精神矍鑠能飲善談之老者，詢及友人，始知卽當年空前絕後鼎鼎大名徐君小香是也，今覩斯圖，復能得見前輩典型羣英會之傑作劇，誠余畢生之幸事矣。今朱君丐序於余，奈余譾陋不文，無已，勉强執筆謹述景仰前賢事跡顚末，拉雜寫出，用以爲序。

中華民國三十二年歲次癸未一月穀旦日

修京伶十三絕傳略漫成

金佩山

狐白成裘獺祭魚，爲文媿乏百家書，卑之自是無高論，差勝相如賦子虛。

强將粉黛染須眉，叔世流風奈若斯，不望春秋餐冷肉，也應刪盡綺懷詩。

一代風流作表彰，唐詩晉字漢文章，清朝二百餘年業，除却崑高有二黃。

午夜篝燈輯舊聞，恍聽靈鬼唱秋墳，如何六一伶官傳，慙愧昌黎諛墓文。

十三絕圖譜跋

名伶十三絕圖譜刊印問世矣，幾度經營，匝年心血，幸不至擲諸虛牝，泛濫無歸，更承高士名伶紛投珠玉，於是輪奐焜煌，編章斐藻，足以爭席藝苑著史梨園也矣，低徊欣賞，感慰何如。余於是重有感焉，感於人爵祇足煊赫於一時，而絕藝則能動衆情於後世也。當夫勝清同光之際，朝市之間有大轉變者二，太平没滅清室中興，此朝廷之轉變也，崑弋銷沉徽黃代起，是閭巷之轉變也，二者固輕重不侔，而轉移世局有關史乘，一也。方曾左諸公肅江甯而靖魯豫，使末造之清，浡然見中興之象，生侯封而死廟食，其功名之分豈不煊赫乎一時哉，然而異時人士，對之敬而不愛，尊而不親，苟非讀史興懷，臨祠弔古者，誰復齒及，至於程梅諸伶，各抱不世之才，建絕代之業，際朝廷粉飾昇平之機，乘上下縱情聲樂之便，掃深文以悦世耳，甯卑之而毋高論，取崑弋而代之，累日月以成之，循至譚氏英秀，上承衆宗，下開支派，萬流匯海，極五音百戲之長，萃而寓之徽黃，至於今時已稱國劇，是諸伶者，謂非徽班開山鼻祖幹國功臣，可乎，迄於今日，上逮士夫，下迄販負，通都大邑，邊徼陬鄉，無不謳歌皮黃，艷稱程梅諸伶軼事新腔，嘖嘖不絕於口，真有恨當時留聲之法未昌，攝影之術不備，因而不能見絲竹管絃之美，衣冠曼舞之休者，其深入民間，較之讀史與懷臨祠弔古又何如哉。今則十三絕圖重見於世矣，寄世人嚮往之情，慰伶工仰止之念，横九萬而縱千秋，諸伶之名，得不刊矣，反觀曾左諸公，汩焉泯焉，黯然無色者，豈不彼遜於此耶。嗚乎，功名云乎哉。是爲跋。

朱書紳跋於北京進化社時在癸未清和之月。

十三絕傳略之一

程長庚

程長庚名椿，字玉珊，亦稱玉山，長庚其小字也，所寓曰四箴堂，故或稱四箴，長三慶，工生色，皖之潛山人。幼讀書，頗通文，懷才不售，鬱鬱不得志，道光間聞京中演戲之風大盛，乃曰，逐鹿中原，匹夫可得，吾其入關而王乎，遂與爭估都下。其舅氏業伶，程募之而登台，未工也，座客笑之，長庚大恥，因鍵戶坐室中，三年不聲，一日某貴人大宴，諸王大臣咸列坐，長庚忽爲伍員出，演昭關劇，冠劍雄豪，音節慷慨，奇俠之氣，亢爽之容，動人肝膈，座客數百皆大驚起立，於是姓名遍都下，王公大臣相讌樂，程不至，舉座索然。然性獨矜嚴，雅不喜狂叫，嘗曰，吾曲豪無待喝采，狂叫奚爲，聲繁則音節無能入，四座寂，吾乃可以獨鳴耳，於是客見其出，四座肅然，性惡葉子烟，客知之，値其出，盡藏煙具。天子詫其名，召入內廷，充供奉，長庚亦請勿喝采，曰上呼奴止，勿罪也，上亦笑許之，其亢傲蓋如此，授六品頂戴，程辭曰，奴伶人也，何敢膺品級比縉紳耶，固辭不獲，始拜命，而終其生不敢服上色襲狐裘焉，其謹飭又如此。道光十八年，英吉利以鴉片衅入廣東，再入長江，長庚憤欲絕，既至咸豐中，髮捻徧國中，而諸貴人宴樂不衰，長庚則閉戶不出，或怪問之，則泫然流涕曰，京師首善乃如此，吾不知所稅駕矣，乃擇門下賢者督教之，曰，京師亂且作，勿使廣陵散絕人間也。顯皇崩，外交急，國事益紊，長庚經此喪亂，家益貧困，乃復治故業，孤愴抑塞，腔調愈高亢，獨喜演古賢豪事，若諸葛子胥之流，沉鬱英壯，四座悚然，慷慨憤激，聞者泣下。程以精於崑曲，故字

音正確，於高亢之中，別具沉雄之致，與只知唱高調者，韵味判霄壤矣，無所行腔，而四平八穩，浸入心脾，不忌人學步，而人自不能及之，故各伶皆分派別，而程獨無派，必待英秀出，始如水到西江支分九派，所謂集大成而涵萬有，民無能名者，非耶。其鳴鏞振呂之音，鎔經鑄史之概，喩之於詩，近於浣花杜老，讀書破萬卷，下筆如有神，迨至義山始開宗派，下屆誠齋，派愈分勢益熾，而在杜老，固一片神行，無所謂派也。程於各劇無不精到，不煩列舉，只就其所不演者一論之，亦可見其梗概矣，於武侯劇獨不演空城計及戰北原，曰，失武侯一生謹慎之度也，不演薛平貴各劇，曰，既不見經傳，復不合情理也，於以想見其胸次爲何如矣。更以少年讀書故，與俗子不同，不特聲容之美非人所能，卽其神采舉止，一種雍容大雅之概，亦迥難企及，蓋於古人之性情身分體察入微，一經登台，不啻現身說法，使觀者如對古人，肅然起敬，其執歌壇牛耳，豈倖致哉。尤可稱者，首在愛惜同儕，程承三慶部敗壞之餘，代陳金采主持班事，每有士大夫宴集，召之獨往，則曰，我三慶班首也，若應外串，是爲自謀則得矣，其如本班人衆何，貴人雖以力迫，至於嗾使坊司，鎖拏答箠，終不可奪，亦無如之何，蓋其所持者正也，既而國有大喪，戲園不能演戲，只於飯莊說白清唱，程則每日必到場，所得資，悉以歸公用，決不自私，其耿介有如此者，然對班中諸伶，偶有遺誤，則毫不寬假，立加斥責，各班明僮例許登台笑客，程掌三慶，乃力加禁止，只許於繡簾深處半面偷窺，台上秋波一時盡掃，其整頓風紀又如此者，豈多覯哉。方其入京之初，京中方盛倡崑弋，謂徽黃各班爲亂彈，比之野狐參禪，長庚則鎔鍊百家，融成新調，俾徽黃音樂，浸入人心，徽黃班規，免資詬病，於以大昌厥業，使並時崑弋各班，如江漢諸封次第兼併，南唐後主力竭來歸，漸成一統之勢，奕葉承傳，蔚爲國戲，其入關而王之語，誠不虛矣。同治朝入宮充供奉，慈禧后正以國變方平，寄情聲樂，臨邸新製慶唐虞劇，以長庚飾其中之司馬光，大爲慈禧所賞，聲勢遂動京師，而徽黃勢力於是乎成矣，倘非程伶，鹿死誰手，尙不可知，其能成今日之地位耶，謂長庚非徽班之開山人物可乎。當其充精忠廟會首時，評隲伶工，判釐業務，皆井井有條，湛湛無私，京伶無不敬而畏之，稱之曰大老板而不名，老板而曰大，是泰斗之，宗主之矣。上起朝貴，下逮婦孺，有不知時相之名，而無不聞大老板之號者，亦云盛矣。長庚終身不近女色，養二姪章善章甫若己出，使長姪通六蓺書，爲蟹行字，曰，黌宮蕊榜，固足限人，海國敦槃，倘容自立也，使次姪習爲聲樂，曰，是足以保吾家伶業於不替也，而其長公果能佐樽俎而行寰海，職郎署而綰印符，文孫亦能世其業，章甫則因習唱不工，遂爲乃父司鼓，乃父終身倚之，生子繼先，出身榮椿科班，工文武小生，爲近今小生部中翹楚，是二子者，執業各殊，而皆能名世，以及其子，於以見程伶目光之遠，與其世澤之綿矣。長庚自道光朝入京，充供奉，授品級，長歌壇任廟首者數十稔，光緒中葉，以病卒於京中，葬於南郊，今人每過其地，未嘗不流連慨念，其感人之深，至於此夫。論程之一生，變歌曲而移世風，輕私財而重公義，求之士大夫不可多得，亙古伶工又豈概見哉。後人至與李文忠公並舉，稱爲皖中二傑，嗚乎，如長庚者亦人傑也哉。

贊曰　繄維孔子，唯聖之時，上承堯舜，下啓子思，緬茲鞠部，曷莫如斯，玉山挺秀，世勢潛移，涵蓋萬有，蘊毓瓌奇，立一家言，爲百世基，自成宗匠，蔚衍庶枝，羣尊大老，誰謂不宜。

十三絕傳略之二

譚鑫培

譚鑫培譜名金福，小叫天其別稱也，堂號英秀，故又稱英秀云。湖北江夏人，生於道光二十七年丁未三月初九日。其父志道工老旦，妻熊氏，生一子即鑫培也。年十一，坐科金奎班，習文武崑亂老生，聲韻高亢，一鳴驚人，故又膺小叫天之號，而易乃翁之稱曰老叫天。既滿科為永勝奎配佐，變喉後乃專演武生，彼時只佐助名伶，尚無籍籍名，隨柏如意等赴京東演鄉間賽神戲，奔波於野台僻邑，自難展其天才，年餘歸京，為程長庚所見，特賞識之，收入門牆，隸三慶部，演短打武生色，如惡虎村翠屏山五人義等戲，出奇制勝過不猶人，惟以軀幹短小，不及楊月樓體魄雄偉，聲音宏朗，有大將風，始終厄於月樓，名不能彰。光緒五年己卯，首次赴滬，偕孫彩珠行，翌年返京，仍充武生，十年甲申二次赴滬，演於丹桂茶園，北返後專隸四喜部，至光緒十三年，都門紀略始納之老生脚色，與孫菊仙並列，是年與諸名伶合組同春部，十六年六月被選入宮充供奉，慈眷優隆，每獲賞輒邁同儕，已見特異之概，唱作念打各戲，幾無不工，乃專以老生劇問世。此時雖掛名四喜，而實自由，已漸破伶工專搭一班之例規矣。楊月樓既死，三慶部瓦解，十八年集資復興之，翌年率全部入宮奏技，尤邀顧盼。光緒二十六年庚子，聯軍事起，兩宮西狩，遂於二十七年三度赴滬，在滬演戲，益以其親炙程王余三老之所得，鍛鍊而出之，專以鬚生一色稱派別矣。當時滬地風氣日見隆盛，而鞠部人才日感缺乏，譚既出演，遂即冠時，負譽歸京，乃有曾聞程張鏜鎝聲音之一般年老顧客，以譚為靡靡之音，非復老輩規範

，羣起非之，而譚不措之意也，反以既經此激，愈出其所得於四歲二至九齡者，發揚而光大之，取多用宏，包羅萬象，自創新聲，悅人聞聽，寖假遂靡日下，與並時老生孫菊仙汪桂芬鼎足而立，三派並稱，爭霸歌場，未易判其軒輊，既而菊仙不返，桂芬長逝，京師一隅，惟我獨尊，儼爲衆望所歸，街頭巷尾時聞店主東嘆楊家之聲，寡叫天兒也，是時詩人至有國家興亡誰管得滿街爭說叫天兒之咏，詩人感時之淚，叫天名世之旌也。譚之唱，高低中平三音具備，平上去入四聲克諧，吐字出音並不矜才使氣，而稠人廣座，聲聲浸人心脾，雖曰天賦，人力亦居泰半焉，克享大名，良有以也 論者謂鬚生之品有三，曰安工，重在唱，曰靠把，重在武，曰衰派，重在作，雖程余諸前輩，尚有獨工，亦有所不工，而譚則皆工之，以其富喉音而工聲技也，擷長舍短，獨有諸家之長，豈他人區區一得所能及哉。喻之於詩，必集唐宋各家法度而熟之，譬之於字，必取漢晋前賢碑帖而讀之，簡練揣摹，始得大就，程王諸伶，韓杜詩篇鍾王名蹟也，牢籠萬有，萃其精華，烏能不臻於妙境也歟，而譚亦善用其短，以面目枯瘦，乏雍容華貴之度，則終其身不演王帽戲，如打金枝金水橋各齣，演定軍山不冠帥胄而打紮巾，更以喉音多清籥鋏笛之聲，而乏洛鐘大鏞之韵，則製爲巧腔以新耳觀，聲容之妙，躋於化境矣。或謂其性隣嚴刻不重戲德是其所短，每值同台伶工，出語有誤，必重申以揚之，或設詞以窘之，不讓周郎之顧也，軼事遺聞，流傳人口，不須列舉者，予則謂其斟量之嚴，固似不能容物，而功用所及，實可造成伶人各懍職司，慎重將事，論私德爲不修，於公務爲有裨耳。晚歲性益倨傲，長同慶部，嘗連日不出，必使座客再三翹望，乃一日忽出台演其絕作，故示不測，以與顧客戲，而顧客只望其偶逢，不怨其玩弄，可以覘衆望爲何如矣。循至權貴宴集，亦覘其喜怒爲應召或方命，竟至達官拱手乞其清音，朝士卑詞丐其顏色，千古伶人何以加之，慈禧訪政，縱情自娛，西苑別宮，日必奏劇，非譚不樂也，入宮廷，充供奉，厚廩餼，賜賫玩，極一時之榮，詔旨錫四品榮銜，街巷有貝勒雅號，而譚則我行我素，情所不甘雖嚴威莫逞也，王公大臣貪攀交游，聲色犬馬肆其所欲，貴擬王侯，勢凌閥閱，譚門子弟出入豪侈，亦若王謝世胄焉。迨入民國，益自放逸，屢至淞沽，每每增其禮幣，計其一生，始也日不過八千京緡，迨其晚年，一齣之價至數百銀蚨，京伶身價之重自譚開之，而梅郎成之也。最後數年，日以吞吐雲霞翕賞鼻烟自逸，或養鳥玩蟲以消歲月，非至契之邀不出也，終以忤貴人而遭嗾迫，以致染病不起，臥榻之上，每手文玩，捫搎而嘆曰，某煙壺先后所手頒也，某玉璞恩邸所親授也，於以溯承恩之情，而感時局之變，即以寄胸中無限之悲愴也。卒年七十，有子七人皆侯氏出，各執伶業，嘉華習武老生，嘉瑞習武丑，嘉祥習旦，嘉榮習文武老生，嘉賓習老生，六七二子嘉樂嘉瑚讀書，女四，長適夏月潤，次適王又宸，而獨其第五子嘉賓字小培者能繼弓冶，唱正生得神似，其孫數人，又皆習伶，而獨小培之子富英冠絕一時，且年正富強，將不知造詣何速，今富英之子百歲亦已登台般娃娃生，計自老叫天至此，已五代矣，五世箕裘，京伶中當屬罕覯，亦可謂鳳毛麟角焉矣。論者謂鑫培以少年鎩羽之餘，不自暴棄，力爭上流，學無常師，維長是取，兼百家而集大成，引吭一鳴聲動人天，使朝野風靡，閭閻膾炙，在生之日，已自成派，既故之後，伶人逸士每以一字一腔一巾一履之辨，詡為親炙老譚而蔑視流輩，王雨田張毓庭獲其一鱗半爪，標榜嫡傳，王又宸言菊朋得其鍊字弄腔，土苴餘子，叔岩略得指點於榻傍枕上，至於今日已有得見曾子之概矣，噫王羲之涵泳篆隸，化取章艸，集其精英而以己意行之，於以開後世諸家門徑，老譚似之。至於破壞專搭一班之規，開闢一齣千金之例，其流風所至，亦足以左右斯世，大力亦云偉矣，斯人豈世出者哉。有謂其靡靡之音足以徵召社稷衰亡者，嗚乎，其言可悲，夫又何與譚氏也哉。

贊曰　嘗見譚氏，清臞枯瘦，似野鶴似寒梅，又似枯寂瞿曇，渺小可掬，而其氣概之韞，足以塵埃軒冕，蟣蝨侯王，何其豪也。至於玩世不恭，時復白眼，又何其酷類晉人耶。金盤銅狄尚動古懷江水雲山能無繫念也哉。

·二二·

十三絕傳略之三

梅巧玲

梅巧玲名芳，字慧仙，又字雪芬，以姓梅故好養梅，文聰玉砌，瓦盎瑤盆，莫非虬枝鐵幹，綠蕚冰華，因自號梅道人，所寓曰景龢堂。人又稱之曰景和主人云。道光二十二年壬寅八月二十一日生。原籍泰州，遷居蘇州。家本士族，以貧入伶籍，初入醇和部，師福盛楊三喜，習崑旦，嗣師百歲之父羅巧福，習正旦，於是工崑旦及青衣花衫，徽班例規，青衣花旦各執一色，青衣重端莊，花旦妙婉麗，獨巧玲色藝雙佳，兼長並美，遂攬二色並演之，近授紫雲衣鉢，遠開瑤卿蘭芳蹊徑，且色中開道驊騮也。崑曲如思凡，刺虎，長生殿，百花亭，紅樓夢等齣，黃戲之青衣工如彩樓配，二進宮，探母回令，花衫工如得意緣，烏龍院，以至花旦工之雙沙河，變羊記，思志誠等劇，幾無一不能，且無一不精，演青衣則嚴肅端莊，演花衫則明麗華貴，至演玩笑旦則潑辣風騷，一身而兼衆長，如千手菩薩，具天女羅刹萬千變相，眞俊才也，貌豐而美，肥不傷痴，杜工部麗人行所虛擬者，巧玲能萃其精華而實見之，故有胖巧玲之號，每飾盤絲洞之蜘蛛精，於沐浴之際，褫上衣裸半體，肌膚潔白，望如凝脂，晶瑩朗潤，玉雪堆成，如僾白芍藥陳列水晶盤中，冰清玉潔，相映生輝，不數楊家阿環春風玉露煙潤花濃，凝香於華清池畔也。並時旦角，以體貌不侔，率不敢擅場是作，而後之飾者，大都身着束身粉霞衣褲，輝映華燈下，以迷惑取妍，非復自現色身，卽瑤台瓊樹之梅畹華，亦未曾一試，不特空前，抑且絕後矣。尤其妝雁門關之蕭銀宗，所著冠服，皆爲滿族福晉品級服色，首冠珠鈿，步搖雙插，瓔珞覆面

，身着八團女褂，項綴朝珠，足踏花盆底女舄，每值繡簾一揭，巧玲左捻佛頭右擷采帕，款步而出，金容滿月，玉樹臨風，莊嚴妙相，四肢百骸無不具貴婦風範，四座驚眙，一時肅然，能使一戲視聽，不翅於公主粉侯，而專歸太后，亦云盛矣。說者謂，明朝伶人馬某，擬摹權貴，因投權相之門奴焉，三年而技成，頤指氣使，手舉足投，目上下睨，頭左右搖，莫非相也，辭而鬻歌，聲動海內，梅有似焉，以不世之才，得蓋代之遇，甯壽宮裏，謦欬時親，翟茀簾前，喜怒不隔，朝夕陶融，遂成神化，較之羊欣白練尤覺神似無慚也，更以體態端凝，丰神高貴，交游風雅，陶冶清華，有以造其風度，他伶既無其才，亦難其養也。寓中陳設文雅，擬於世家，都中名士，皆以涉足龍門自豪，而巧玲亦以把臂鳳毛爲快，一時景和堂中，名士往來如過江之鯽，雲門樊增祥其尤著者也。巧玲以與文士交游久，頗擅筆札，於漢隸八分尤稱獨到，得者寶之，好讀史鑑談掌故，治藝之餘手不釋卷，更工鑑賞，湯盤漢鋼，過目釐然，士大夫轉求教焉。子弟輩以門第風雅，應接自如，往來亦多名士，景和堂中絃誦琴歌互相酬答，眞韵府也。及四旬不復再登氍毹，閉門却掃，非故交至好不易晉接，酬應之煩委之子弟而已，友輩知其別工老旦，慫恿改絃，梅以既足自給不欲徇人，始終未允，巧玲之戲德篤，顧客之耳福慳耳。嗣領四喜部，規矩井然，指臂相資，巧玲護班衆如子弟，班衆愛巧玲如父兄，兩遇遏密，班衆皆衣食於梅，得不瓦解，李蒓客曾以之愧將帥焉。巧玲雖業工柔艷，而性殊恢宏，同治初，有選人某齎金入都，冀得補官，見巧玲而重之，相交頗厚，數年之後，金盡裘敝，負債家萬金，劵借巧玲亦二千金，侘傺以病，卒於京寓，幾無以殮，同鄉聚謀，俄延歛手，正難爲計，乃死耗一傳，債主洶洶，迫而索逋，巧玲赴弔，率以爲亦圖索逋來也，家人絮絮道其困苦，親朋婉請寬其時日，巧玲淚奪眶出，出劵就靈燭焚之，且賻二百金以舉其喪，揮涕而去，衆人乃相顧無人色，聞者敬之，義伶之名遍噪日下，皆頌梅伶之古風俠氣，咸知其後世必有昌者矣。有士子某至京會試，愛巧玲之藝，每登塲必往觀，不間風雨，漸與巧玲交，亦日往，不間風雨，所費積多，遂以長生庫質資，盡供賦梅之用，巧玲旣知其寒，思有以報，潛入其寓，竊搜㕓篋，士子有僕戇人也，出惡語向梅，巧玲婉喻之曰，爾無詈我，我正爲爾主計，爾主衣物聞已付質，質劵何在，僕曰爾貪心不足，乃欲並劵而攫之耶，曰非此之謂，爾携劵隨我往可耳，乃以四百金盡贖之，並媵以銀劵二百，勗以塲事用心，館選後當再相見，士子見而大感，同試者聞之亦咄咄稱怪事，戇僕眙愕自無論矣，及館選竟，仍以二百金供賞賜，乃未幾，士子卽以病逝，巧玲素衣冠弔之，並賻二百金，更爲持服二十七日，人叩之，巧玲曰，某君交我，不以俳優視，更無狎弄懷，君子也，知己也，不此之報，而孰報哉，由此義伶胖巧玲之名振遐邇，王公大老，皆以一接顏色爲幸，實則巧玲家固不豐，所有貲資皆出搜篋拔釵，著之，益以見其風義之高矣。卒於光緒八年壬午十月十七日，年只四十有一，惜哉。葬於京東某村，墓上樹梅三百株，其遺命也。巧玲取陳金爵之女，生子二，長名雨田，次名肖芬，卽世所傳大瑣二瑣也，雨田習絃索，常佐英秀，譚倚之如左右手，肖芬習旦頗妍美，工蠹蘭，已漸露頭角，惜中年而卒，未竟其志，蘭芳其孤也，終克以靑衣花衫繼繩祖武，聲震瀛海，勢邁古今，雖曰刻勵所收，抑亦厚德之積也。女一，妻秦稚芬，亦當日負譽之旦也。門下弟子皆以雲名，一如四箴弟子以玉次，岫雲桃李以雲行也，余紫雲爲個中翹楚，卽今日蓋代生色叔岩之父也，次則劉倩雲，工崑旦，王湘雲王佩雲亦均工旦，兩皆梅畹華之婦翁，張瑞雲爲名旦朱幼芬之姑丈，孫馥雲工武旦，頗負盛名，陳嘯雲今名旦程硯秋之業師也，朱靄雲號霞芬幼芬之父，姚意雲卽前二十年負大名稱巨富花旦姚佩秋佩蘭昆仲之父也，周倚雲亦工武旦，鄭燕雲卽鄭二奎之兄，前十年以琴師噪名歌台者，濟濟一堂才美斐然，諸雲亦各能以其所得於師者，發揚光大，角逐梨園，尤以余紫雲能承衣鉢繼燈火，獨出冠時，於旦工演進戲派沿革，頗有關涉，將次論之，茲不贅及。夫馮驩市義，千秋美之，而特出於代人爲謀，非關得喪，至於指囷分金，卽爲世所豔稱，縞紵一倫，表章矩範，然猶是朋友交期，桃投或得瓊報，至若伶工貰客，始以業得，繼以債成，一旦桐棺乍殮，下之者視同陌路，於義非乖，上之者略示溫煦，在世已罕，而乃義念薄天，出券自火，以示兩絕，更與賻金，經營葬事，使死者瞑目於九原，生者釋念於一世，唾手二千金，較之季札掛劍，又何如耶，嗚乎義矣，至於知己一念，報逾所施，其心豪其志苦，有非世人所知者矣。吾見其人，當眞仙視之也，後世之昌，其未艾乎，其未艾乎。

贊曰　湛湛玉露，瑩瑩晶冰，梅花綽約，芍藥清澂，琴書棐几，彝鼎華燈，我自嘯傲，人誰愛憎。慰友掛劍，市義焚券，脫手千金，愴懷一念，度自溫馨，氣何豪健，伶乎伶乎，縫掖何羨。玉梅明麗，名士賦詩，寒極而瘦，瓊玖逾施，國士待我，國士報之，田橫刎頸，充量之爲。欲見交情，一生一死，交道翻雲，人情薄紙，猗與休哉，慧乎仙矣。吾生後時，聞之汗泚。

十三絕傳略之四

楊月樓

楊月樓正名不傳，安徽潛山人。生於道光二十九年己酉，與程長庚同鄉里，終身受程之提掖爲多，而程亦得其佐助不少，初月樓之父名二喜，以拳術賣藝江湖，携子來京，鬻技於天橋，天橋者村俗樂場名流所不涉足，二喜演於此，抑只資口腹已耳，偶爲張二奎所見，愛月樓身手蹻捷，軀幹魁梧，嘆曰，此子豈池中物耶，吾得所傳矣，因携歸而列之門墻使習武旦，勁急驃悍，有大刀楊二之號，進而習文武生，二奎日教導而磨礪之，未久藝大進，時年方十餘，而身適成人，氣沛聲洪，文修武備，二奎益以所長授之，藝乃大成，排名玉樓，與陸玉鳳沈玉蓮，俞玉笙卽菊笙爲同輩，後始更名月樓。演四郎探母之楊延輝最稱擅塲，竟有比擬於余三勝者，至於打金枝五雷陣牧羊圈等戲，冠冕堂皇，足傳師門衣鉢，觀者咸謂其不墜宗風，而武生劇復具高山深林龍虎不測之致，短打者如惡虎村連環套之黃天霸，長靠者如賈家樓之唐璧，昊天關之趙義，亦皆盛負時譽，長板坡之趙雲，則年只一演，必至臘盡年逼，封台將屆，始一爲之，癖好者引領終歲乍快耳目，其欣賞之情，可想而知，四座寂寂，屏息以俟，卽至繡幕一揭欲不喝采不能也，而月樓之作，則英姿颯爽，神采奕奕，如睹順平侯浴血揮戈與魏將十盪十抉，拚命酣戰，觀者至此，則不禁呆若木鷄，噤若寒蟬，必待一決告終，方得氣息乍緩，縱聲一贊，屋瓦爲動也。時滬地劇事方盛，震月樓名，重金聘往，獲重酬載高名，更過於在京，尤其滬上觀者喜其所演猴子劇，因以楊猴子名之，眞名反晦而不彰，其子小樓所以有小楊猴子之號者，正以其堂

構繼美耳。其時，上海金桂茶園營業垂敗，以月樓出演，勢遂大振，尤以勾闌中人，爭以一親月樓色笑爲快，於是趨之若鶩，金桂之利得，月樓之禍伏矣，而月樓不自珍重，竟墮色障，終至肇事，爲龔侯曾劼剛以當道之力，圖快妖姬意，陷之刑罟，幾經挫折，逃歸北京，復隸三慶部。時長庚以技藝冠時，高自位置，於並時名伶少所許可，獨於月樓心焉許之，優遇逾格，以牢籠而羈縻之，嗣長庚就衰，因語之曰，吾老矣，一生心血經營之三慶班，將歸散軼，豈不重可惋惜，且班中多吾皖人，桑梓情殷，何忍睹其悽惶流落繞樹無依耶，吾子其爲我善處之，於是月樓遂不再出京，專心一志主持班務，長庚既逝，遂長三慶，終其身以報桯知遇之好。以光緒十四年十一月七日被選入宮，充供奉，承應戲目文武兼資，昇平署檔案載有乾坤帶代東吳打金枝探母羣英會，鎮檀州定軍山五雷陣　連環套惡虎村泗州城等戲，後二年病，蒙特賜銀二十兩，御藥四匣，並時供奉無此殊錫也。其在宮中每演長板坡之趙雲，亦復極蒙賚賞，錫賚有加，足見技藝有眞，聳輿論，邀睿賞，無二致也。光緒十六年六月初一日以病卒，年僅四十有二而已，門人鳳林鳳寶，略見傳述，餘無聞焉　晚收弟子二王畹雲王畹如皆未克顯揚。其子小樓能世其業，武生戲幾無不工，而亦以長板坡爲擅場作，獨文生戲不逮乃父，而終身謹愼，屏除嗜欲接近道流，又似跨竈矣。世傳月樓有與菊笙易子小樓非其親生之說，其事太怪，恐不足信，抑以愈愛小樓摯，而掉舌虛搆者歟，不欲傳之矣。夫楊以鄉里小兒，鬻技日下，倘其無所際遇，亦等閒耳，一旦値名師，獲絕技，雙承二至四箴之燈火，噪名京滬，邀寵宮闈，其遭際之間，豈偶然哉，祇以不自珍惜，戕於女色，年方强仕遽赴玉樓，不克享遐齡而張鞠部，抑足惜矣。幸得跨竈之子，克紹箕裘，葆宗風於不墮，亦云僅矣，其或別有隱德足致天庥也耶。

詩曰　喑嗚叱咤氣恢宏，一樣旌旄按部兵，末世紅羊方墮刧，可堪執戈作干城。千里橫行仗莫邪，歸來扶醉臥倡家，人間不少酸辛局，壯士今無古押衙。

十三絕傳略之五

余紫雲

余紫雲名金梁，字硯芬小字昭兒，行五，堂名勝春，湖北羅田人，生於咸豐五年乙卯七月初七日。父三勝，咸同間以老生稱雄鞠部，奮黃鐘大鏞之音，亢聲鳴盛，向不借重旦角爲之旗鼓，既而梅巧玲出，風靡一時，紫雲艷之遂入景和堂爲弟子，行輩居第四，而工力聲韵，獨能軼其曹偶，同業同工，亦無能出其右者。工崑旦，及青衣花衫花旦，盡得乃師之長，崑曲如湖船琵琶行，青衣如彩樓配宇宙鋒，花衫如梅玉配虹霓關，花旦如翠屛山貪歡報，皆能自出機杼，傾動歌壇，音調諧潤，如新炙簧，每演祭江祭塔大審教子諸齣，幽情似水，高響遏雲，瀏亮頓挫，彷彿公孫舞劍器也。且尤能取舊劇神而化之，虹霓關之丫環，本爲乳娘，服青褶子，爲青衫正工戲，紫雲獨出心裁，改着花衫，每值演此，京中旦角無不往觀摹者，其繞場所走步度，非他人所能及也。隸四喜部，聲譽大噪，以旦色而能與老生如程長庚輩旗鼓相當者，向少其人，有之自紫雲始。紫雲貌既端妍，體尤輕倩，莊嚴流麗，移步換形，青衣劇則聲情激越，節奏哀婉，花衫劇則輕盈旖旎，飄渺如仙，抑揚亢墜，曲盡其神，且雖出身徽班，而獨巧於蹺工，蹺者梨園術語義足之謂也，以木爲蓮足，繫於腿部，著以鳳鞋，束以藕覆，裊娜行來，眞有步步生蓮之致，紫雲身既苗條，技復諳練，習之既久，遂若生成。似能作掌上舞者，每演梅龍鎭玉堂春諸戲，無不用蹺，輕歌曼舞，錦瑟年

華，綠楊風度，疊湘裙，曳羅袖，橫波一視，窄步輕盈，如紅蕖之出淥水，恍詠仙乎之句矣。善琵琶，春風秋月，蕙室瓊筵，四絃一撥，能如啼猿哀雁鐵馬金戈，海上琴聲浸人肝肺也。其平居端處，尤多靜趣，貴人豪客，聞名傾倒，袖巨金輾轉結納，丐一握手爲誇耀地，紫雲自視愈高，輒謝絕之，豪貴忸怩憨恚，紫雲一笑置之，而冷客文人故交窮士，不名一錢，招之未嘗不赴，就之未嘗不納，吟風嘯月，必盡歡始已，無倦容無傲態也。好古玩，周鼎商彝琳瑯滿室，精鑑賞，善品評，波斯賈不能過之，每歲必南下飽載而歸，獲利不貲，家以是稱豐厚焉。光緒二十五年已亥卒於京。弟子無所傳，生子叔岩，師譚英秀，得神髓，幼即蜚聲京沽，唱鬚生能兼衆長，遠繼乃祖，近承乃師，至今已成泰斗，是眞嘉禾有舊根醴泉有故源矣。紫雲以名鬚生之子，之膝去許，改絃易轍，是不象賢矣，終能師法宗匠，神而明之，上以承梅景和青衣花衫合流濟美之勢，中以爭時小福田桐秋各具一長之能，下以開瑤卿畹華剛柔相濟之風，可謂承先啓後之傑也，至於終生虎子，軼羣絕倫，抑以千里黃河先作曲折，蓄而作勢，迨碣石一放，磅礴澒洞，涵天地而走風雷，紫雲其河朔之九折乎，蓄勢以貽後昆者厚矣。

詩曰　一枝穠艷出瑤台，恰與寒梅次第開，煙視乍矜纖月步，風情新度紫雲廻，平原公子無豪氣，姑射神人絕俗埃，千載靈根餘韵永，蟠桃芳實耀蓬萊。

十三絕傳略之六

朱蓮芬

朱蓮芬名福壽，正名延禧，行二，又號水芝，道光十六年丙申十二月十一日生，原籍蘇州，其兄福喜夙業伶，垂髫時挈之來京，立堂曰景春，强之學，遂工南北曲，凡崑旦戲無齣不能，無折不妙，尤以思凡活捉琴挑相梁刺梁爲最，演打碁盤一折，作揚州鄉談，極流利，貌端妍，神采輕盈，盛時之王瑤卿頗有似處，脚步尤奇，因腿部稍修，能自掩其短，裙每高繫，下沿不逮足帶，及出台，身微下蹲，足每横出，而步履轉動靈活異常，即趨走亦然，只見婉妙之姿，不露碩頎之態，他人莫能效也。初隸春台，旣噪名，不自立私寓，亦不隸恒班，專演外串，外串者，貴家私讌徵召演劇之術語也，蓋彼時梨園班規嚴，旣搭一班，即不能自由纍演，一聽命於班主，不隸於班得任所欲也，性雅自愛，喜讀唐賢小詩，善行楷，師米襄陽參以柳誠懸，眞有怒猊抉石渴驥奔泉之勢，尤精管絃，絲竹肉三者妙趣，一身兼之矣。以與士大夫早夜盤桓，乃日益隔絕塵埃，故色藝與諸名伶埒，而神氣淸朗，吐屬雋永，則非他伶所能及，即有白眼嗣宗，亦必心折，而蓮芬遇諸名士，亦殊與欵洽，各無傲倨也，時流稱之曰無上神品，許海秋玉井集文中稱爲蓮郎，非溢美也。與潘文勤公祖蔭友善，文勤極眷之，不以伶倫視也，蓮芬遂謝却歌壇，閉門却掃，蒔花瀹茗，時取名蹟法帖摹擬之，字乃益工，得者珍如珠玉，故有狀元夫人之稱，間爲潘文勤代筆，幾能亂眞，人爭寶之，今日可見者惟琉璃廠淸秘閣南紙店一橫額而

已。時京中亂彈之勢大盛，崑曲寖衰，蓮芬雖亦能青衣戲，如蘆花河二進宮等齣，而不常攣演，每應徵召，必取思凡活捉一類，標榜之，意在保持古趣，不苟俗趨，廣陵散不絕人間，賴此一脉耳，與楊三演活捉，一舉手一投足，中絃合拍，珠聯璧合，誠所謂二難並者，每值出演，人皆以魯殿靈光視之，似鑑賞彝鼎卣斝，非世情也。晚歲與文勤小忤，復爲馮婦，而勢竟不支，於是抑鬱以終。妻顧氏春和老生顧和祥之女也，生五子，一名稚芬，小字三兒，一名桂秋，小字八兒，皆習旦，略有聲名，未克大顯，季子天祥習老生，亦不出衆，稱佐貳良材，小有名，至今不知所終，有謂其赴滬傳業者，有稱其已作古人者，景春之後，奄然泯矣。弟子一，諸茹香，習青衫花旦，駸乘裨牙中雋才也，今亦老矣。論朱之一生，舉手吐詞，居然雅士，而獨耽古趣，不合時流，具特立獨行之概，徒以世風既易，一木難支，風流銷歇，振古如斯，又豈崑曲一業，朱伶一人已哉，嗚呼痛矣。

詩曰　自具詩書韵，清幽比瑟琴，世原難了悟，我自惜高深，漁父騷歌遠，湘靈逸響沉，悠悠同此日，何處覓知音。殘局爭何濟，頹風挽自難，中流誇砥柱，末路已闌干，瘦菊矜秋晚，芳梅炫歲寒，其知銷歇後，四座復瞻韓。

十三絕傳略之七

時小福

時小福，世又稱小馥。正名慶，字琴香，號贊卿，小字阿慶，所寓曰綺春，故又稱綺春主人，江蘇蘇州人，生於道光十六年丙申九月初九日，年十二，以洪楊亂作，避地來京，從陳某習爲伶。學青衣劇。復入春馥部，師徐阿福習崑旦，於是崑亂兼長，崑曲如折柳之霍小玉，小宴之楊阿環，青衣戲如教子，戲妻，探窰，祭塔，汾河灣，二進宮，凡端莊鄭重，忠孝節烈諸戲，皆稱擅長，偶取回龍鴿之公主，虹霓關之丫環一演之，不過緒餘旁及，略新耳目而已，嗓音高朗，引吭一鳴，如風送洞簫，韵來天外，遙空鶴唳，聲徹絳霄，一字一腔，皆細針密線，極意熨貼，各臻神妙，雖屬鶯歌燕語，却是鐘韵鏞聲，與孫菊仙異曲而同工，殊途而同歸，皆氣充韵沛，字正腔圓，不以小巧爲俗耳悅，柳誠懸腕力直透紙背，正以其筆筆中鋒，不側媚以取姸也，隸四喜部，與孫菊仙相濟爲美，當時至有時小福唱教子，孫菊仙御碑亭之諺，亦足瞻其動人爲如何矣，性孤高無所嗜，惟耽麴蘗，過於飲食，每登台必携壺觴，唱愈亟飲愈多，飲愈豪唱愈雋也。更嗜奕，楸枰一局，理亂不聞，庭院松陰，嘗移日影也。中年以後不常出演，內廷招之爲供奉，食厚餼，獲優賞，而視之漠如，喜則應召，怠即託病，慈禧后固知之，亦不罪也，然每一演戲，則極盡所長，不求工自然工妙，慈后知其善飲，嘗於台上賜之良醞，一日與菊仙小穆合奏二進宮，三人者各極所長，繞梁震瓦，慈后諭宦寺，曰，小福勞矣，可輟歌以玉碗飲之，少解其疲，其恩寵之殊，不亞李謫仙沉香亭畔，並世伶倫，無此異數也。精忠廟梨園行會，會

首四人，皆出內務府指派，所以平章轄部事務，臧否梨園子弟，故爲廟首者，非德隆望衆，不足以服衆，爾時廟首程長庚兪潤仙譚鑫培及時小福也，梨園每組新班，須先將班名擬定送呈內府堂上，請准後始能出演，往往經年累月不易揭曉，又須賴廟首至府懇託，胥視乎廟首身手之運用，與肝胆之冷熱如何矣，小福秉行誠摯，勇於急公，每值此際，或以公誼或仗夙好，時爲斡旋其間，俾底於成，光緒之季，新班如雨後春筍，相繼而出者，時伶之力居泰半焉，梨園義之，名動都下，其急公好義有如此者。腸尤熱，喜濟人之急，如孫菊仙譚鑫培輩亦曾借助他山，友誼皆甚膠漆，與梅巧玲尤善，梅主四喜部，賠累綦重，請時理之，時時伶正掌春和部，初不允，旣念四喜無人主持，勢將瓦解，同業將患飢寒，乃出重金濟之，不支，更鬻自住房產以繼。尤好與士大夫游，有某友待銓於京，久久未得，欲以千金奉當道，而囊已罄，商於時貸如其數，時，小福亦窘甚，遂允之而實無着，質房得金悉以與之，友得榮任去，其瑤玖之報，概未聞焉，而時固不措之意也，其急人之難又如此，由是綺春堂中座上客常滿矣。聲名旣盛，徒侶益多，序次皆取仙字，如張雲仙，秦燕仙，陳霓仙，陳桐仙，吳凌仙，吳靄仙，江順仙，王儀仙，張紫仙，九人爲最噪名，秦燕仙工書善畫，不幸短命，比之杏壇顏回，時論惜之，小福生値重九，每屆生辰，桃李咸集門下，其數適八，時人戲謂爲八仙慶壽，而門墻桃李皆豪於酒戶故又有醉八仙之號焉。光緒二十五年，時已不復出演，某日應友請代召日下名伶奏曲某邸，戲目時所手定，迨開演，而其弟子張靄仙獨不至，小福恚赧，乃自飾以代，劇終，主人以小福心勞力瘁，設筵勞之，痛飲啖羊羔，逾夙量，次晨而疾作，宮中聞其事，令御醫往爲診治，而竟不起，翌年庚子，五月十七日，以疾卒於寓，拳匪亂起，柩幾焚，乃移厝之，民國初年，其子慧寶始造窀穸於永定門外，丁巳其妻死合葬焉。有子四人，長曰德寶字炳奎，習鬚生，次曰實寶字玉奎，習花面，三曰泉寶，三子皆無大名，獨季子慧寶字智農者，工鬚生，惟能以明堂鐘鼓之音，繼響汪頭陀，不以側媚取姸，亦如乃翁，更精書法，師魏匏公，摹魏碑頌饒古勁，談吐得晉人風度，亦可謂有子矣。女適名旦陳德霖，即伶倫尊爲老夫子潄雲先生者，今鬑生少霖之母也。噫，當舉世靡靡之時，而獨以黃鐘大呂獨醒自標，不阿世以取容，不改絃以資悅，聖之淸者也，嗚乎，不具金剛力現龍象身，烏足以認正法眼藏耶。而其子智農，亦能抱殘守闕，潦倒不回，身居鞠部，而以鬻書自活，亦振奇人也。伶倫至此，可以風矣。

贊曰　瓌姿綺麗，神采堂皇，被褘飾翟，穠粹非常，釵荊裙布，神傳孟姜，具莊嚴相，饒義烈腸。人盡汶汶，我偏自足，夭桃滿山，幽蘭空谷，斯世悠悠，霄唯是獨，酬此糟醨，銷予抱負。

誌感　余叔岩

瘦瘦

叔岩才智邁倫，風流絕世，所以致力收功於氍毹絃管者，大都如附誌概略所述，徒以鬢絲禪榻坐老維摩，遂乃游心物外，不復致意名場，而日陶醉於翰墨金石之間，茶煙篆字，風晨雨夕，二三朋友，抵足聯牀，其樂足稱大隱，與吾社朱社長友善，於印製十三絕極力贊助，圖譜名稱，余氏主用咸同名伶十三絕，爲尤堪記憶者；筆者則具別感焉，余氏其顧念身後，爲續輯地乎，其意亦良深矣。今書像皆旣告成，而余氏則已不能披讀之矣，九泉有知，亦當爲吾刊賀乎。誌此以表贊襄之情，並深故舊之痛焉。

徐小香

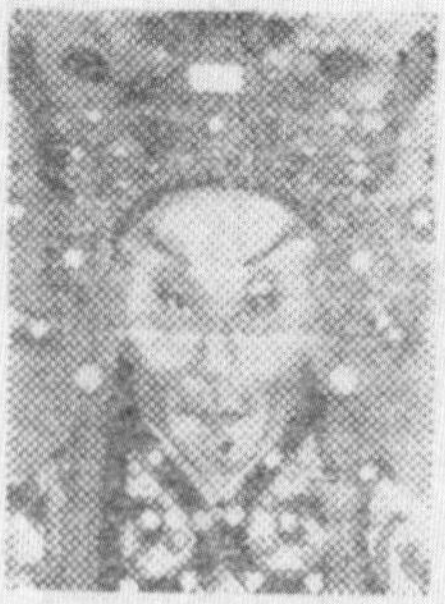

徐小香亦曰小湘，名炘，舊名馨，字蝶仙，世稱岫雲主人，初隸吟秀，自立德閒，原籍江蘇常州，遷居蘇州。生於道光二十一年辛卯十二月初十日。其父任某部郎，小香隨宦居京，幼即嗜戲，尤喜唱小生，時曹眉仙演小生頗有名，小香特私淑之，値曹出演，必往觀之，風雨弗憚也，初試技於貴人宅，某爵聞而賞焉，揄揚甚力，香名噪日下。其父死無遺產，宦囊一空，莫可爲計，始思以藝自食，入吟秀部，習崑生，每日演畢歸家，首不免冠，足不去靴，自操胡琴而自度曲，必四三復，得當始已，與人言皆作科白音韻，又時動搖其首，則習雉尾姿勢也，時復對鏡哭笑，以自察其形貌，見者匿笑指目爲顚，不顧也，習以爲常，必飢極乃食，食已復然，如是者八年，其藝遂至神妙，善狀周瑜，能傳其性靈，於英武中寓溫文，衣冠相對，眞覺如飮醇醪，世有活周郎之譽，追論絶後，實巳空前。論者謂，莊周夢爲蝴蝶，栩栩然蝶也，及覺蘧蘧然周也，蓋神化之矣，小香之技，亦蝶亦周、亦化之矣。（蝶仙周瑜語妙雙關）小香既深造，遂入程長庚之三慶部，兼崑黄而演之，文生如游園驚夢拾畫叫畫琹鼎觀畫，巾生如詫美喬醋玉堂春奇雙會，武小生如探莊雅觀樓，雉尾生如起布問探轅門射戟等戲，無不精工，亦無不膾炙人口，其專恃唱工之戲如監酒令孝感天等，亦能使人聞之浸入心脾，如灌醍醐，至於八大錘之陸文龍，能著高靴，拖長紳，舞雙槍，戰四將，不特神色不疲，抑且巾帶不紊，至對兀朮最後科白，你逃命去罷一語，眞如一字一淚，使人聆之，不禁爲之淒淒泣下，亦神乎技矣。且俗伶般演

小生，皆以旦工唱法，衣冠出之面已，小香則運雌聲於豪氣，化兒女爲英雄，與女子大異其趣，於是小生始脫旦色換籬，成獨立之脚色，與撲朔雞分者判矣。隸三慶部，程長庚倚之如左右手，組全部三國劇其中之周瑜，非由小香飾，程不演也。偶與程忤，拂袖輟演，亦不搭他班，而程業日漸減色，嗣經友好說合，仍言歸於好，長庚派司事人等分乘溫車五輛至其寓相迎，消息傳出後，大柵欄一帶商店，聞徐將經過，皆駐足以俟，欲一覩其廬山眞面，蓋平時不輕以面目示人也，既至園，長庚歡迎備至，派演鎖檀州，以岳飛收服楊再興故事暗射老生收服小生之意，而徐亦機警，早知長庚用心，乃以首演借雲爲要約，蓋意在劉備力揮借助於雲也，其事固無足重，而老伶之高自位置出處不茍者，其風趣之雋永，亦可稱焉。咸豐壬子歲，小香偶訪其曹，見新買歌童，夏楚慘毒，香惻然婉勸，不納，竟以京蚨千二百緡贖之歸，叩其家世，姜姓，江右巨族，先世曾官大司寇，以父母早逝，庶祖母不安於室，惑於惡少，輾轉掠賣，遂及於此，聞有舅氏，尙供職內閣，小香多方尋其舅來，甥舅相見痛哭，擬即攜去，而又以京官貧如洗，不能還身價，書券約時日，小香焚券曰，我已收却矣，以車送甥舅返家，時人爲賦義伶行以彰之，有蝶栩栩仙飄飄，伶兮乃有人中豪之句。東南亂起，某大府陷亂中，生死未卜，而其子就香寓置酒讌樂，香責而却之，於是義聲播都下，伶非伶皆以一接顏色爲榮，其風義之高，古伶倫未有也。工尺牘字亦娟秀，零縑斷素，得之者視同拱璧，惟以自珍過甚，得者寥寥，今日欲求片楮，不可得矣，惜哉。光緒中葉謝絕謌場，積貯現銀逾十萬兩，戶部特與之龍票，由鏢行爲之運回原籍，全家返蘇後，即不再出演，聞其後世頗稱小康，改業商矣。小香寓曰岫雲堂，弟子五人，皆以雲名，某名士題五雲深處額贈之，五雲各耽風雅，慶雲者其中翹楚也，倜儻善談笑，惟皆於歌壇無樹立，不足以紹小香衣鉢云，若夫懷芳記所載，徐金兒者字逸仙，蝶仙之弟也，人恒呼之曰阿二，妝小生，崑曲最妙，蝶仙雖壓倒一時，而逸仙實勝之，譬之於書，蝶仙不免側筆取妍，逸仙則筆筆中鋒也，一節，故老流傳文獻記述無一同者，揆之情理亦似相左，或出於把臂交情，浮誇溢美耳。噫，語有云，用志不分乃凝於神，苟執一藝以習之，非精研覃思，雖有美才，難語極詣，小香發憤忘食，不憚俗笑，所謂用志不分者非耶，其心血所歸眞乃凝於神矣，嗚乎，又豈戲劇一道爲然也哉。

詩曰　栩栩仙仙一段春　溫柔旖旎盡天眞，早從玉簡諳音韵，自對冰奩索笑顰，羣雉巧看干戚舞，緋魚偶見宰官身，不須色相當筵肆，會向漳流惱洛神。

言菊朋

誌感　瘦瘦

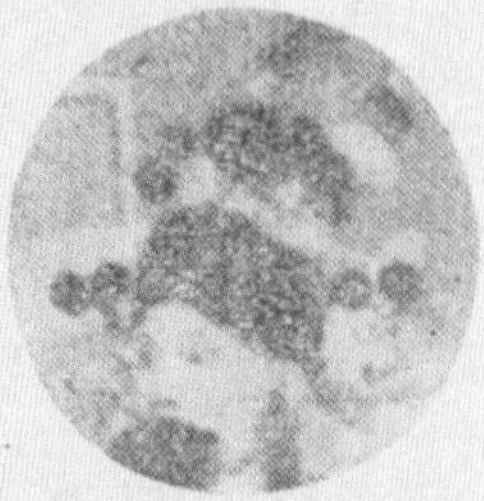

言菊朋蒙古旗人，名延壽字菊朋，鼎革後，自取姓氏曰言，而以字行，大名旣彰，人亦言菊朋之矣。自幼喜研京劇，尤篤愛譚腔，無間風雨，必赴歌台聆老譚歌，歸而追摹研鍊之，必得神始已，三十餘年，刻意仿效，盡得其眞，遂初服後，入梨園，出其生平所得於譚者，以餉世人，世人亦皆以傾倒英秀者期菊朋，惜入世已晏，望五之年，身孱氣弱，已不能因喉正字因字成腔，漸至力求字正反失腔圓，世人詬爲怪聲怪調，而言氏則寧失於囂，必臻於法，不遷就含混以取悅俗耳，侘傺以終，蘊譚門奧妙，共入黃土，亦卓犖之傑也哉。本社朱社長印製十三絕圖譜，言氏頗爲熱誠贊助，凡所以增益之者，無不傾囊以贈，直至病入膏肓不克自行，仍倩人扶掖至社，談老伶工軼事珍聞，歷歷如數家珍，自茲遂成千古，今者言氏墓木已拱，而吾社十三絕傳略適以告成，不禁感念老成，低徊追念也。

十三絕傳略之九

楊鳴玉

楊鳴玉世稱蘇丑楊三，與郭四同出身蘇州某科班，同搭高陞部於濟南，皆不獲知音，楊乃辭而北上入京隸四喜部，專演崑曲之丑。時崑曲業已式微，而楊竟以驚人技爭席其間，亦云罕矣。其所演之劇，幾乎無齣不絕 無作不妙，擇其最膾炙人口者舉之，足以概其類矣，如風箏誤之醜女，及借靴之陳仲子等，皆有獨到之作，觀者已不禁欣賞譽爲妙到毫巔，而一般伶工，尙可簡練揣摩得其形似，至於有關武功者，如起布問探之探子，手持大月華旗作令旗，舞出種種花樣，現種種身手，而旗角不卷，常保方形，直至關目既畢，覆旗於背而旗之方形如故也，又如盜甲之時遷，尋常武技應有盡有，至盜甲時台上累二几一椅，楊豎蜻蜓以足勾几，憑空而翻起至二層几上，仍倒立，以足勾椅，再懸空起立，立於椅上，將甲盜得，口銜甲袱，以足插椅背隙中，翻身而起，落第二几上，再仰面翻身下几，將捷賊眞形攝取無遺，輕如乳燕，巧似狸奴，其武功之純非數十年鑪錘不爲功也。尤其係於氣功者，如活捉之三郎，其傳神作態之處，猶無須論，至走場追逐時，抱椅轉圈前後繞棹，足捷於風，身輕似紙，能使台上頓覺陰森有鬼氣，唱至我淚沾襟句，有三關竅，梨園術語所謂浪頭者，第一浪頭，雙睛直視，眸珠定於中間，如白雲之圍月，第二浪頭，黑珠只餘其半，露於上眶，如落日之銜山，至第三浪頭，則雙睛盡白，眸子上插，迄至曲終白盲如故，正如阮嗣宗面對妄人，狂倨作態，毫無一隙之留矣，至被抬入幕時，一人舉首，一人捧足，身軀挺直向左右磬折者三，所謂鐵板橋也，技也而關乎氣焉，末折

閻婆惜之鬼以巾繫其項，提而上場 楊軀本修五尺，逐漸而縮短於三尺之童，旣而台外，女將手一提，伊身隨手起，左轉者三，女再上其手，又回旋者三，而無人色，目無烏珠，矮身轉動，似懸燈之隨風而旋，頗肖尸靈也。其孽海記下山之和尙，亦能身隨音節，步步縮短，至下場門已短似孩提，望若奄然而沒，是亦神乎技矣。則非一般伶工所能期及者也。生一子性怪誕，好拈針黹，縫衣司臼爲婦女行，不能執業，只寄宿蕭寺，渾沌以終。楊三可謂無後矣。夫楊三以精於崑曲，値形勢垂敗之時，絕無通融餘地，不依附以分光，不苟同以取悅，貞松勁竹，獨抱冬青，終能絕技自鳴，與方興之徽黃較短長於一日，其志足稱，其心亦苦矣，士君子聞之，足以風焉。至於以一聯偶涉，遂與傅相並傳，豈所望哉，恰値之耳。聯語梗概傳之者衆，茲不及之，非闕文也。更聞楊三治業之暇，好爲紙鳶之戲，小而咫尺，巨或徑丈，皆自製之，嘗出新意製爲藍雲字，及搖頭菱，悉市上所未有者，每於天朗風和之日，彩絲一縱，搖颺雲表，市人率側足聳觀焉，於是遂開伶倫競鬥紙鳶之風，循至兼金製器，百錢買絲，鬥麗爭華，幾於狗馬蟲魚，楊之罪也。

贊曰　弄丸承蜩之巧，胠篋盜盒之神，一言而負薪封，一呼而執戟喜，一技之精足以傳世，楊三兼而有之，豈能泯沒無聞。至其特立獨行，不苟世俗，古君子猶難能之，遑論伶人也哉。嗚乎，楊三傳矣，又奚待聯語之及耶。

十三絕傳略之十

劉趕三

劉趕三號寶山，某歲六月二十六日生，所寓曰保身堂，天津人。世業藥商，至其父，家漸起，乃使就學，冀以儒生昌大門戶，趕三刻勵讀書，未冠已蜚聲鄉里間，既而久久不售，始改業伶，隸永勝奎班，唱丑，嗣入三慶部，受程長庚指導，復從郝蘭田學鬚生，更私淑張二奎，得其神似，然不逮丑工之跌宕滑稽，妙入毫端也，生色以薛八齣之平貴，與金水橋等戲為長，蓋步奎派工王帽耳，至丑色則幾無不能，亦無不工，尤以探親鄉媼，及思志誠老媽，金玉墜店婆，與夫拾玉鐲劉媒婆，為最工，彩旦一色，先本無人置意，及劉出而彩旦始為人所重視，其有造於歌場，功不可沒也。而劉於探親一劇亦頗費研練，家畜一黑衛，粉眉白目，身漆黑而四蹄皆白，俗所謂烏雲蓋雪者也，劉每出輒御之，軟障泥青韁轡，繫銅鈴一串於項下，行則鈴聲鎯鐺，自成音韵，人聞其聲，即知為趕三至矣，時繫大鼓於驢項，近大鑼於驢耳，而鞳鞳鳴之，日久驢習焉，漸羈之後台，再習之氍毹，既諳熟，乃演探親，牽眞驢上台，驢以久習故，毫不驚恐，揚首帖耳，雖五音喧闐，而周旋規矩，無黍粟舛，趕三以是益噪名，而其鍛鍊之功，亦云苦矣。同治季年，帝病劇，太醫羣斷為痘，而閭里横議，則嘖有疑惑，適劉正演請醫一劇於市園，譏詞刺之，略謂東華門內有一貴公子，近患病召往醫治，所患本係梅毒，而予誤為天花，一藥致死，云云，雖幸未罹禍，而聞者咋舌，目之為顚矣。光緒朝，昇平署總管某聞其名，薦之入宮，充供奉，一日演十八扯劇，以慈禧后高坐安榻，而帝則形同宦妾，侍立榻側，雖疲不敢退，

劉不平，遂以科諢諷諫曰，汝等試看，吾作假皇帝尚有座，彼眞皇帝者，又何嘗得坐耶，以是慈禧后爲遏衆口，漸賜德宗坐，或曰，趕三諢語適刺后心，又使其欲怒無從，欲責無自，不得不歛其威稜，殆亦廻波栲栳攖逆鱗挫雌鋒者歟。更嘗以語忤惇恭醇三親王，惇邸聞而擊案曰，何物狂奴，無禮乃爾，將下之獄，衆爲緩頰，杖四十，而趕三之氣尤不稍衰，出語人曰，親貴橫暴如此，非休徵也。迨甲午以後，國事日急，朝廷之讌樂也如故，趕三心焉非之，每傳差非以病辭即游衍出之，宮闈亦無如之何。迨乙未馬江戰敗，李文忠以保荐非人獲譴，趕三於諢中隱刺之，李氏子嗾巡城御史拘三去，痛杖之，自是趕三鬱鬱病矣，旋卒，驢亦知人意悉其主死，竟長嘶不食，旣殮，悲鳴蹄蹶以死，亦云奇矣，相傳某科會元闈墨中有疵累，人未察也，而趕三以早歲攻書頗明文字，遂以語隱中之，使新貴謝罪乃已，又借題中君子坦蕩蕩一語分晰離合，以譏士子之惑於十三旦，時十三旦正盛極一時，士大夫一變其鄙視秦腔之習，而變之者衆，故趕三以坦蕩蕩三字牽合爲十三旦譏之，亦可見其滑稽梯突之致矣。後嗣無籍籍名，人無知之者，徒二，不克出人，故亦無傳云。劉以一伶人，竟知眷懷國事，借戲以諷，干宮闈而肆簧舌，冒斧鑕以進讜言，力足以挽回帝后之嫌，諷刺侯相之失，雖身罹刑辱而不悔，亦云壯矣。至於尋章摘句，隱責士流，倘其小慧焉耳。

詩曰　白頭宮女話開天，話到梨園一泫然，帝子風流銷歇盡，不堪重問李龜年。狄相胸懷楚孟形，當機一笑挽宮廷，凄涼西苑池凝碧，化鶴誰來弔海青。

·二四·

十三絕傳略之十一

郝蘭田

郝蘭田皖人，生於道光十二年壬辰，幼讀書，嗣以家貧故，入某科班學爲伶，習老生，時徽地盛唱祭風台，即京班所謂借東風也，穿插唱作，與京班大不相侔，而今日京中所演之祭風，即郝伶所潛移也，郝飾諸葛武侯，風流儒雅，有大臣風度，以是得名，名遍皖中。及年三十，或謂之曰，汝年長矣，學成矣，技藝之佳，人所同曉，而姓名不得出里閈，不亦大可惜乎，方今北京戲事方盛，果擅一長，足以自表，遠則米喜子，近則程長庚，皆以入京而享大名，收厚利者，今米已逝，而程則方掌三慶部，名振一時，士大夫仰承色笑，即夙號冷面如延樹楠者，亦趨承恐後，笑而將迎，與之語刺刺不休，羣尊之大老板而不名，宮禁宣傳，賜以顏色，授六品榮銜，爲供奉，亦足自豪矣，汝其有意乎，勿自困守田園，後塵倘可步也，郝乃襆被隻身北上，謂其同道曰，吾此行雖不能驟及米程，苟能充副貳，佐名班，得觀光於上國，附微名於驥尾，願已足矣，越旬至京，以程大老板爲鄉人，且篤桑梓誼，因往依之，程之寓處四箴堂，郝所熟聞也，既至其寓，逕宿大下處，而以名刺投焉，程見刺喜曰，郝某來耶，吾增一臂矣，晤接之下頗相得，四箴堂中多皖人，亦夙聞郝名，相見甚歡，慰藉備至。將登台，程叩之曰，君以何戲爲擅場，請自言之，郝曰，但求不爲人所短足矣，敢云長耶，程再叩之，郝曰，百無所工，但飾諸葛似覺略堪自信，尚有一寸之長耳，程即令司事者翌日派其演天水關，及登場，聲容並茂，氣度高華，逈不猶人，顧客大爲欣賞，四座擊節雷動，曰，此眞諸葛忠武之化身，豈彼傖夫所作醜儈模樣之諸葛可同日而語者，班中人

亦羣相敬服，乃知蘭田以此自荐，果有出人技藝也。程因排全部三國志以倡之，所謂全部者，又烏能萃百二十回大書而演出之，無非馬跳檀溪烏林赤壁以至戰長沙而已，借箭祭風諸折，皆重諸葛，程自爲魯肅，以徐小香飾周郎，而卽以郝飾前後之諸葛公，工力悉敵，相得益彰，郝演畢自嘆曰，今而知見聞之不可隘，伶工之宜遍走江湖也，久在皖中，又烏能見京班之祭東風乎，後三慶部亦漸以徽派祭風改易京派，而成今日如火如荼之七星壇祭風燒船矣。既而三慶部缺乏老旦一色，郝循衆請改老旦，亦復大噪令名，時老旦唱工呆板，黯無生氣，不爲人重，郝乃自度新聲，以老生唱法參旦工韵味，顧客聞所未聞，不禁喝采，由是老旦一工始爲內外行所加意，郝之力也。復兼工丑，雙釘記卽其所編，又擅法門寺之劉媒婆，自加行路唱詞，風靡一時，至今宗之，又擅淮河營之田千春，亦極工妙，人合三劇謂之郝氏三絕。崑曲以守門殺監爲獨絕，但每吝惜之，不嘗演也。長庚既逝，遂棄絕歌場，寄寓東城，玩喝日月以自頤養，至同治壬申以病卒，生一子玉麟，習伶不成，忿而改業，一女適絢雲主人王彩琳，卽今日旦角老宿王瑤卿與生行碩果王鳳卿之母也，弟子四人，曰周春奎，曰陳五，曰夏成立，曰劉趕三，各能表表鞠部，劉以丑工而能唱生劇，雖私淑張二奎，其指授之功，蓋在郝氏云。夫郝氏以皖江伶人，倘不憾於無聞，則終身外江矣，其能振聲名於上都，加潤色於名劇耶，雖生子不克象賢，而有女亦能昌後，謝家道韞，王氏中郎，丈人冰清，女婿玉潔，珊枝玉樹，並立庭堦，足以振揚遺徽傳諸不朽，郝氏有知，當可破顏矣。

贊曰　豐翮皖江，高翔帝邦，陪驂佐乘，氣概如杠，寒梅翠竹，素影幢幢，藍田日暖，韞玉成雙。淸醴源遠，芝草根靈，惟蔡生女，琴韵泠泠，曲終不見，江上峰靑，何物老嫗，生此寗馨。

十三絕傳略之十二

張勝奎

張勝奎又名張奎官，傳者不詳其身世，只知其爲北京人，其出身科班亦無傳者，嘗爲譚鑫培臂助，稱佐貳中上選，先於王仙舟沈三元李順亭輩。嗓音幽細，澹而不朗，梨園術語所謂雲遮月者，高亢之音兼此掩映即成妙響，而徒具此音無從軼衆也。張伶師宗余三勝，特余唱漢調，音韵洪厚，張微與不同耳，然張伶能濟之以身手，其做作之妙，是眞能入木三分者，於般演忠臣烈士騷客義僕各劇，無不刻畫入微，鬚眉欲活，飾天雷報之張元秀，跑城之徐策，皆能從心血中醞釀出之，低徊往復，宛轉蒼凉，耐人尋繹。而尤以一捧雪之莫成爲最擅長，故有活莫成之號，薊州堂一折，描摹義僕以身代死情狀，能使四座盡爲酸鼻，更於出斬時，面上敷以油漬，儼然待死之囚，而罩死色，且更於鼻孔中吸入粉油，於唱作並不窒碍，而一聞開刀立垂玉柱，於搜孤一戲飾公孫杵臼，亦用此技，使人恍見一頹唐老叟，死訊乍臨，血淚紛披，不禁爲之惘惜泣下，其感人心，裨風俗有如此者，眞絕技也。譚鑫培倚之如左右手，有非張爲之佐，必不出演者，如搜孤之公孫杵臼，羣英會之諸葛武侯，所謂合之雙美，花葉相扶者，其潤色名劇，大力不讓主角也。先年老譚亦曾向之問業，光緒庚子後，譚不常出演，張亦家居，所特異者，無論風雨，必往西便門城垣一游，如少年之礪喉者。嗣以病卒於京。子一，業伶無成，棄而經商，亦未成家，名不傳，有孫三，長於宣南某巷設茶肆，僅敷餬口，次子業梨園容妝科，爲丑色梳洗粧飾，三子入富連成盛字科，名盛俊，亦無籍籍名，張之後式微焉。弟子一，即劉景然，數年

姓，略早於勝奎，唱取實大聲宏，相取堂皇正大，與勝奎顯然異趣，門弟子許蔭棠周春奎略得其皮，而與英秀異其旨趣，勝奎則截取余氏之緒餘，淪引英秀之蹊徑，別出心裁，勝人以短，抑揚掩映之音，至今賡和，余譚之間，張氏實爲津梁，世人不忘老譚，亦自應存張氏，又奚待影射哉。論張之技，固難與程譚諸大老相比倫，只以獨擅絕技，遂得分諸名宿一席，豈非身抱一長，足以自立耶，天下公言，無俟致也。

詩曰　秦武炫勇力，舉鼎傷其趺，宋襄強圖霸，泓水幾亡軀，虬髯知審時，隱讓歸夫餘，張良志復韓，入漢甘匡扶，派峙汪譚孫，鼎比魏蜀吳，君才十倍丕，奈何不自圖，既見劉先主，名立力亦癯，量力而已矣，其更有他乎。

十三絕傳略之十三

盧勝奎

盧勝奎不傳其眞名字，勝奎其藝名也，時張二奎方與程長庚角勝歌壇，聲勢大盛，故其取此名，亦如今世小小樓蓋叫天焉。盧本江西落第士子，懷藝不售，遂滯京師，喜黃戲，摹而肖之，爲票友爨演於長安市上，長庚見而賞之，收之三慶部，資爲臂助，同人戲謔以其姓諧音爲爐，爐者京中市井相謔之諢語也，遂群呼之曰盧台子，日既久並其藝名亦掩，伶非伶只呼之曰盧台子盧台子而已。盧幼既讀書頗通文字，尤諳習三國演義，時本戲之風方熾，四喜部屢有新作，如五彩輿雁門關者，三慶相形未免見絀，盧乃自出心裁，取三國演義所記，從馬跳檀溪起至戰長沙止，組爲長劇，名之曰全本連台三國志，以胸具邱壑，工於組織，凡有所作，皆饒條理，不若後之編劇家，徒以旦色炫世，科諢爲工，首尾異趣，不相關合者也。方其時，正生有程長庚良關雲長材也，小生有徐小香活周郎也，武生有楊月樓趙雲之肖形也，花面有錢寶峰宿有活張飛之目，而盧乃自飾諸葛，左右共閒，人材濟濟聚於一台，珠聯璧合相得益彰，其傾城空巷良有以也。最堪稱者，所有科白皆就書中原詞略加剪裁，無不音節鏗鏘風韵條暢，不啻若自其口出，而絕少支離聱牙之病，亦爐錘能手也。加以原屬斯文，自饒氣度，綸巾羽扇，具忠藎儀表，於是盧台子活孔明之譽後來居上矣。此外空城計瓊林宴之唱工，與盜宗卷胭脂虎之作工，亦無不能之，全材亦美材也，徒以瑜亮並生，珠玉在前，不能出人頭地，只如魯大夫因人成事者時也命也，而處於衆美之中，不落後塵，亦能建牙旗而立一軍，雖居左乘，我武維揚，抑亦人傑也

矣。門弟子無所聞，或環顧無人自靳衣鉢耶。後之賈洪林頗近似之，惜未能得而師之也，於是乎絕矣。

詩曰　緬爾懷才士，能爲盡瘁臣，精華裁稗史，風貌岸綸巾，佐命終身志，高名萬口珍，於今歌部盛，誰復媲斯人。

誌感　遲子俊

瘦瘦

遲氏原姓尉遲，第一代尉遲韵卿工生，以複姓拗口，乃獨以遲稱，遂稱遲氏焉，二世子俊工丑及彩旦，月亭工短打武生，三世景昆中年不祿，世人惜之，三世人才各皆濟濟，而仍未足以領一軍稱獨步，迨至四世世恭，年雖弱冠，聲名已近青雲，風起雲湧，後望方長，殆積三世未洩之蘊，毓之玉樹庭蘭也歟。筆者曾因協修十三絕傳略，博采羣言，介以往見子俊，自酉至亥，娓娓爲說老伶軼聞，皆子俊先生目擊親聞者，其中最關典要者，厥爲楊鳴玉在思志誠中之角色，名爲明天亮而非天明亮，蓋係南音京俚意在狎褻，非時人所知者，於吾刊考據增益匪鮮，更如楊鳴玉自製紙鳶開梨園習氣，劉趕三訓練黑衛作台上風光，皆足昭示來茲者也，今者十三絕傳略告成，老伶工聞之，當亦爲之拊掌稱快，誌此以表欣謝焉。

附誌　題辭名伶概略

余叔岩

余叔岩名第祺，叔岩其字也，壯歲以刻意摹譚，因顏其齋曰範秀軒，謂於此室中以取得於英秀堂中者簡練而儀範之也。乃祖三勝先生於道咸中，以漢調流風融之徽黃，立黃班根基，爲生色翹楚，與程玉山張二奎角逐歌場，不獨以字正腔圓氣充詞沛勝，而其辨析毫芒斟量宮羽者，尤非他人所可企及，譚英秀得其遺韵遂以成名，而長公紫雲則旁騖焉。叔岩秉兩代之積，天資卓異，涵韞尤深，幼歲習生即以繼承宗風自許以小小余三勝自號，中年經變喉之挫，乃略更途徑，以天賦蒼凉高古之音，參英秀抑揚委宛之趣，以朋藉徑師門追還宗器，完成其酣古趣邁羣倫振宗風紹弓冶之大願，於是戢羽韜光斂鋒息影，執贄於秀堂英下，溫言厚幣卑躬屈節，所以趨奉而側媚之者無不至，較之楊時立雪其恭謹虔誠，殆倍蓰焉，而英秀老人固踈慵士也，又烏肯低首下心引商刻羽而教習之，偶於清興未闌茶烟初歇，取一闋一目而指點之，亦不過批導竅指陳肯綮，說上乘法竪一指禪已耳，叔岩於茗壺煙榻之次，擷取一鱗半爪，歸而揣摹簡鍊之，恒竟夕如縲，形神若囈，範秀軒名所由誌也，復從老伶工魏錫齋

游，精研音韵，既步趨於師譚，更刻意以求古，集思廣益學業日精，並借春陽友會爲養翮試飛之地，鍛鍊既久，奄有衆長，藝益精趣益貫，利用其音饒低韵，因勢利導，用字行腔，細意熨貼，必使其細針密線合律協宮，如水銀泄地無孔不入，如天衣被體無縫可尋，直教李謩笛聲入破足裂紫竹，徐生簫韵一弄能舞潛蛟，雖非銅琶鐵板嗚鏜震呂之音，却爲玉振金聲刻骨醉心之調，如戰太平之激昂慷慨，焚綿亭之抑鬱悲凉，捉放曹之笑面腐心，搜救孤之迴腸蕩氣，舉能曲曲傳神聲聲入妙，清聖祖協律之言，所謂因字入腔因腔得理者，叔岩之歌頗得其奥，歌也近於道矣，至如瓊林宴之身段，奇寃報之撲跌，洗浮山之擊技，失街亭之神情，則骨幹如綿身軀似紙，面容若能按機變幻，手足不啻應節低昂，杜子美劍器渾脫之詩，能盡其控縱猶不能盡其神理，舞也而臻於化矣。逸響一奏，聽歌人士似灌飲醍醐，清凉一脈直下十二重樓，似吐翕煙霞，陶醉全神遍及三百骨節，而清虛明爽淨無纖塵，倘懷素所謂豁然心胸了無疑滯者，可以見之矣，循至四座聆音不敢偶失分秒，每至入妙，亦只雙掌輕拍低呼好好，不敢揚聲擊節，恐以衆譁掩其偶出之微妙，可謂盛矣。時歌場局勢趨向轉移，畹華博士以旦色雄據梨園，英秀既逝，生色莫之與京，能與爭一日長分一席地者，亦祗叔岩一人已，於是世人以愛英秀者歸叔岩，余氏寖成一派宗主，盛逾師門竈跨祖武，譽之者稱新譚派，以其融鑄譚腔而光大之，摹之者則尊之曰余派，蓋以其音韵低徊，足以遷就歌喉，實則叔岩之歌豈復爾爾，於沙啞中寓蒼古，於低微處見高深，固非啞啞學語者所能了悟者也。近年以還因時苦二豎，不克現身奏技，而世人固未嘗一日淡忘之，每有起居，報章一揭輒喧騰市上，曰佘叔岩勿藥矣，曰佘叔岩散步矣，蓋以翹盼之殷不覺關切之摯，於以見世人對之愛護何似也。今者叔岩已騎鯨仙去，一切種種俱隨桐棺以瘞，絕藝銷沉，識與不識率致惋惜，蓋絕藝異能與商彝晉帖同其旨趣，世間公寶非私有也，惜而歎之又豈私誼也哉。君昆玉固二人，有弟勝蓀亦工生色，而與君異其歸趣，有女三，皆祇工咏絮不擅繞梁，且復厄同伯道燈火將泯，幸有高足二，曰孟小冬，曰李少春，皆得薪傳，略嗣音響，然木蘭原是女兒身，隨陸無武，所謂只得其冬，班超生具虎頭相，則又絳灌無文，所謂只得其春，僅各得叔岩之一體，求如具體而微者已難其選，叔岩之藝亟待傳人，慧可慧能不知誰克承此衣鉢也。叔岩以家世豐厚，頗富收藏，故於古器賞鑑甚精，且日與筆墨書史爲緣，更數與文人騷客往還沆瀣，故吐屬風流尺札雋妙，上刊序文，爲叔岩去歲所親作，至今已成遺跡，吾人對之當亦生屋烏之愛歟。更念天地不仁，才人黃土，懷才韞藝，掃若風摧，世界茫茫云誰嗣響，對物懷人，又不禁泫然興感矣。

時慧寶

時慧寶字智農，十三絕中時小福之季子也，綺春主人生四子，各習一色，三子皆無籍籍名，獨慧寶惟能以童年冠同儕獲俊賞，有神童之目，及長遍游海內，亦克帥一軍張一幟，所至傾倒，時世風趨向風靡於譚，汪孫二派雖號稱分鼎，而勢難並駕，於是歌園里巷羣說叫天，已置二派於不顧，慧寶轉以摹孫自詡，與王鳳卿之宗汪，皆爲不阿俗好，而亢聲一放如抉江河，莽莽

蒼蒼，滉瀁千里，元氣渾沌古趣輪囷，澎湃奔騰，亂流而注，其間自不免挾泥沙以俱下，如隨園評騭所謂大才而近於粗者，以是頗爲俗見所詬病，實則所宗既爾，變易失眞，欲葆宗風，自須逼似，學皮學骨始盡所長，亦步亦趨方爲有得，世人之指摘，正時氏之矜誇，於以見其工力之深刻，乃翁琴香，原以法古守墨自居，不遷就以博采，不側媚以取姸，人自有言，我還行素，是梨園中耿介拔俗不共恒蹊者流，慧寶秉此遺傳性成骨梗，明知不可而爲之，上以期自我成家，下亦得守我所志，再接再厲愈挫愈堅，亦以見其性質之堅剛，且性豪邁，不耐剔梳，一歌既成，純以神注，不置意於擊節不自餒於竊笑也，精神

既奮，儼似佯狂，梨園隱語謂之每戲歸唄，蓋譏其形容可嗤，又豈知正時氏揮灑自得設身處地痛快淋漓時耶，然而茫茫斯世誰是鍾期，於是乎時氏落拓矣。惟是浮搖世界，時尚趨新，風偃習靡，盲從聲影，未嘗不需此種不合時宜者一振立之也。乃翁琴香，性慷慨好結納，所入隨手盡，身後已屬蕭條，慧寶性復寥廓不措意於錙銖田舍，故垂老清寒不能自給，且時氏業雖伶倫，性耽文翰，風流雅靜，直近儒宗，書法學於魏匏公，得北魏碑帖神韵，雄渾古拙雅有宗派，小幅聚頭得者寶之，前歲赴滬，以身病氣屏不足以高歌自表，乃與文士相結納，日應接於衣冠之會，藉以分光而丐潤，復鬻書以資行李，所得亦復不貲，於以見文章有價天涯比隣，然以伶倫而乞靈於管城子玉版侯以自沾溉，末路之窮，亦堪憐矣。今者時氏已化，孫派雄歌已無繼響，時氏無子，亦未聞及門有人，衣鉢之傳已難論及，或其自知調高和寡，既已誤已不欲誤人，遂靳而閟之，不以貽諸後世耶，嗚乎悲矣。十三絕序爲其精心之作，刊諸本編不特供同好賞，亦足爲藝林珍云。

程繼先

程繼先字振亭，大老板玉山先生之文孫也，次公一支繼紹弓冶，已如傳略所述，繼先幼富遺傳，湛深修養，髫齡入榮椿部習小生，文武兼擅，如乾元山之哪吒淮安府之鄭天壽，皆橫絕一世，目無餘子。與武生宗師楊小樓富連成掌教葉春善爲同窗友，稱一時瑜亮，及長借徑王楞仙得徐小香之薪傳，中年受某邸特達知，隨侍邸中 不與世接者十數稔、迨清社既屋、朱門銷歇，乃出而復作馮婦，爾時小生一色只有德珺如朱素雲二人，姜妙香尚居旦工，金仲仁未露頭角，餘子碌碌更不足數，珺如歌聲作金石鳴而形態無喜怒表，素雲丰度饒英俊姿而面目少書卷氣，皆不足以傾倒四座，繼先一出聆客眙眵，驚歎爲得未曾有，一時傾倒如睹小香復生。崑曲技藝尤深，身段之溫文，面容之活潑，字音之正確，韵味之清腴，皆佼佼出人，故畹華每歌獅吼金雀等齣，非繼仙爲佐，座客不讙，而梅氏亦不自愜洽也，妙香旣噪名，能爲畹華助演紅樓夢之怡紅公子，有羊車擲果之似，而於奇變會，則退般李泰，趙寵一工仍推繼仙，於以見藝業之臻自有銖兩也，與王鳳卿合纍聾英會，其英姿颯爽丰度蕭灑，已至

• 五四 •

絕妙，於打蓋一折，倏忽變顏，面作鐵色，身不搖而四肢戰抖，頭不擺而雙翎顫動，純以氣行，迥非率爾，至於掏翎抖袖移步換形，已爲餘事，然猶非並時伶倫所能彷彿，其工力之深可想見矣。晚年藝益卓絕，而潦倒衰病已不多見色相，後進諸子，凡精於所學者，爲登峰造極計必執贄以請益，冀竟其造詣，葉盛蘭以富社弟子，問世得名，而立程門之雪，俞振飛以南中名士，崑曲世家，亦求問道之師，而程氏所以指點玉成之者亦足以副其志，二子之藝已足名家，於今程氏逝矣，繼往開來，將資之於二子，二子其能發揚光大出藍寒水也歟。十三絕圖成，適值程氏臥病，我社朱社長乃示之圖曰，此中十三人以玉山先生爲羣仙領袖，君其繼人也，烏得無言以序之，繼仙乃草於病枕，成此長言，爲程氏不多見之品，亦即其最後之作也，睹序思人能無嚮往哉。

誌感

蕭長華

蕭長華字和莊，今日丑色之碩果也，演作滑稽梯突，極儁雋永，一言片語砭骨椎心，遠紹劉趕三之流風，近承羅壽山之燈火，於富社經營，所造尤衆，今之名丑，多出其門，蔚爲衆望，尤其持躬謹飭，不趨時流，有古民耕讀傳家耒耜不廢之風，無時伶褻馬煊揚酒食是務之習，用是家日以饒，而仍不自逸，誠作家翁也。十三絕之作，亦曾請問於蕭，凡所樂言言無不盡，於吾刊亦有所裨，誌此以鳴欣謝焉。

梅蘭芳

梅蘭芳字畹華，所居精舍曰綴玉軒故自號綴玉軒主，肖芬先生之哲嗣，景龢主人巧玲君之文孫也，其家世盛概已見巧玲傳略，迨景龢銷歇肖芬垂危，而畹華適於是時挺生焉，伶仃孤孑無父何怙，育於祖母教於伯父，其祖母即搜篋拔釵助夫成義之陳夫人，其伯父即繁絃急管佐譚噪名之梅雨田是也，畹華上承兩代厚德異能之蘊積，聰明才智迥不猶人，又兼幼遭孤露，志切式微，於是期望愈專刻礪愈切，幼從家學長附科班，所以磨鍊而玉成之者無或闕，於正旦得陳漱雲之剛圓，花衫得王瑤卿之輕脆，花旦亦曾得路三寶之風流，益以承傳於巧玲之宗風，發揚光大陶冶磨礲，而助以有餘之天賦，成全材矣，標格則仙露明珠，聲音則新鶯乳燕，繡簾一揭羣詫天人，妙奏偶聞共驚仙樂，因而藝壇一鳴草芥儕輩，牛耳之席奪生色而享之，演於京師，戲場門前列輪輿如魚麗，遠亘一街之縱，市人空巷看梅郎也，走津沽淞滬，踪跡遍國中，所至傾城，足以易其趨向，循至訪東瀛游西海歷朔漠泛南洋，所至傾國，尤足以宣揚吾華文藝，而所至各邦上王侯下市井以及騷客文人名閨帝女，無不歡顏浹洽樂與周旋，於以振大名獲學位益邦交增國光，烜赫

以歸，不特千古伶倫無此遭際，即歷世名賢亦少此殊榮也，雖曰時會所値，亦爲才美之收，傾萬國而讙衆情豈偶然哉。今則以病軀孱憊息影滬濱，輕歌曼舞一時固未能饜飫人心，然一旦病體霍然必有以歡慰世人也。博士兩娶於王，皆中年不祿，繼娶福氏芝芳，伉儷綦篤，現正共挽鹿車於海上，生丈夫子者四，概皆頭角崢嶸姿容穎異，讀書俱有聲譽，間有偶登歌壇者，亦祗餘力爲文，游戲三昧，非執業也，長此以往，竊恐縉紳之中多增奇士，而氍毹之上日少世家矣，梅氏歌腔，私淑者遍寰宇，而登堂受業者，新進兒女亦復不鮮，但力能傳接衣鉢光昌燈火者尚不數覯，吾於其中得二人焉，曰張君秋曰李世芳，君秋以轉關入道，聲音之佳，韻味之正，傳梅之神，而未能時親謦欬以增益之，世芳雙眸的皪豐頤淺渦，儼然縮梅之影，而又厄於天賦，力不足以從心，將來鹿爲誰得不可知也，所馨香禱祝者，梅氏逸韵不至中祧已耳，企予望之矣。竊嘗見其參與衣裳之會，爵人命婦爭與交歡，以一握手一接談引爲榮耀，而畹華則謙謙訥訥如不習於酬接，迨精舍小聚二三文士相與瀹茗劇談，則娓娓千言殊饒情致，然則畹華亦魏晉風流蕭騷之士也歟。吾社朱社長與梅博士爲故交，十三絕圖像既成，因晤於滬上，示之圖而丐其序，承其親自撰文並親握管書以持贈，乃景印以爲本編光，情文並茂人物雙奇，是亦一絕也矣。

王瑤卿

王瑤卿晚號瑤青，又號古瑁軒主，光緒間名武生王采琳君哲嗣，郝蘭田先生之外孫也，昆玉二人，次公曰鳳卿，習正生獨宗汪派，瑤卿則習正旦，集各家之長，芝蘭玉樹雙列庭堦，髫齡已蜚聲鞠部，譽之者文字揄揚比於雙丁二陸，藝有眞也，瑤卿壯歲，喉音清越甜潤，歌聲裂金石，與時方鼎盛之譚英秀並駕，馳騁歌壇，聲勢不爲所抑，入宮充供奉，尤得兩宮眷顧，恩遇嘗邁倫輩，更以時入禁闈，簾幕不隔，聲音笑貌服飾冠裳各皆歷歷心目中，且又時近滿洲貴邸，熟其氣度，於以狀飾旗族貴婦爲絕，或冠花鈿或堆雲髻，翟褘繡服花盆珠舄，繡簾一揭，直似一旗族命婦品妝臨場，不能指爲弁髦幻化，眞神乎技矣。中年喉音不競，聲韵低暗，梨園術語所謂塌中，不易復也，瑤卿感於此挫，自知難能以妙歌爭雄，乃兼取花衫花旦刀馬旦諸工演之，以意趣科白勝，意趣則流麗大方了無俗韵，科白則簡潔清脆渾無點塵，雖片語數言亦能如哀梨幷剪入耳醉心，偶作激昂亢爽之調，則又如銅琶鐵板唱大江東去，元氣渾淪局度高朗，斬釘截鐵俠骨仙心，別取鍾南亦堪名世，能使才盡江郎重建壇坫，此才豈數數覯哉。望五以還不常登氍毹見色相，而聲勢大盛，儼爲旦色人望，凡工旦男女，無不卑詞厚禮

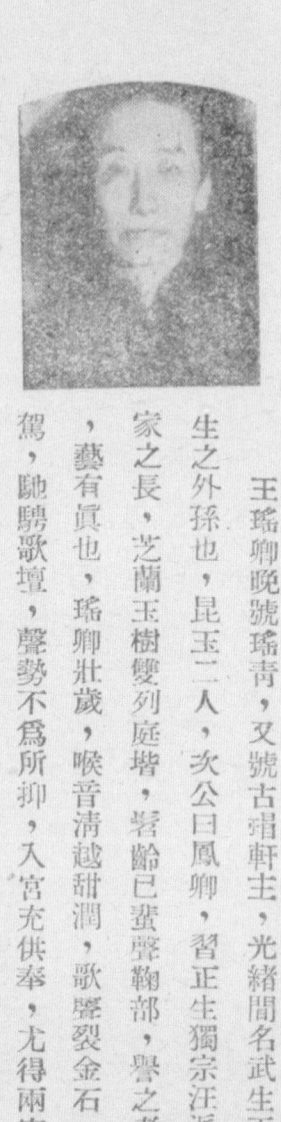

執贄聽教，以期登龍門而得燒尾，標王門弟子頭銜以炫耀海內，而海內人士亦宗崇之，凡所培植，罔不得所，蓋王氏具不世才，擅非常識，能擷采古今各派雜技百家之長衷益因革，蔚爲大觀，與譚英秀同爲梨園湯武，知所變而臻於通者。音韵愈斟愈確，腔調愈研愈工，雖厄於天賦歌不成聲，而未嘗不可擇其善鳴者而假之鳴也，因而因才器使淪引成流，凡所指點無不各如其分顯譽成名，而聆其所出音韵，則又各各不同，是王氏之教，能使同屬旦色各具新聲，發揚特質，教法精深比之孔門四科又何以異，循至北來子弟必傍門墻，南去伶倫藉張旗鼓，梨園稱道尊曰長公而不名，文人弄筆號之通天教主，其聲譽之隆爲景和堂所未有，可謂空前也矣。女一名鐵瑛，亦卓犖有乃父風，承庭訓亦工旦色，音韵科白之清脆簡潔一如老父，瑤卿之肖女也，去年曾以孔雀東南飛一劇入銀幕於海上，而所以標榜仍資瑤卿焉。近養一女弟子於家中曰羅蘋者，年方及笄，體孱弱如不勝衣，時復患病，而學不少懈，近已能出所得於師門者以問世，清俊明爽頗屬上上材，或可有冢乎。瑤卿年已週甲，不復多與世事，日於古瑁軒中，徜徉怡悅，以自頤養，偶亦繪素得者珍之，善畫龜，曾有集靈圖十二幅，爲士林稱道，文翰則不多覯，茲編郄傳是特製也，想亦士林所愛惜歟。

譚小培

譚小培名嘉賓，小培其字也，譚供奉之哲嗣，英秀堂中諸子弟中之白眉，而承先啓後之樞軸也，幼習生色，喉音蒼凉韵味深厚，頗得宗風遺響，惜人力不足以繼之，中道而畫，未果造極，然嘗見其扮黃鶴樓之劉先主，雍容大雅有華貴度，英秀所未逮也，强仕以後，一以教子爲職，不復馳騁歌苑，閟其藝而不彰，知音之士深致惋惜，皆以爲倘出其承傳，發其秉賦，擴其耳濡目染親炙之緒餘，以與諸子角，王又宸言菊朋未足誇也，衣鉢之承要當分叔岩一席，而乃自甘退隱拱手讓人，惜哉。子富英爲富社三科弟子，及將卒業，喉忽倒敗，闇不成聲，小培乃親自督勵，教以葆養琢磨之方，而與之同坐起共甘苦，所以愛護之者甚於自愛。未久音果康復，且朗澈於前時，引吭一歌，繞梁震瓦，戛然有仙鶴聲，似喉管中具機捩可操縱，闊狹任自如而無所隔閡者，今日梨園中以聲音論足稱巨擘，將來日就月將，再益資歷，所逮未可測也，繼武繩美其在茲乎。小培以名父之子，又爲名子之父，幼年席豐履厚出入豪華，不逐金張子弟，及老養尊納福居止高貴，比於縫掖封翁，其福命之厚，似造物者所特予，語有云父作高官子登科，以喻福澤之隆，而似有不可倖及者，小培似之，非天所獨鍾能如是耶，然不汲汲於承前，而諄諄於啓後，譚氏家聲賴有此爾，又不得嫌其蜂腰也矣。

馬連良

馬連良藝名也，在科以連字序，以連良名顯，問世亦以連良著稱，因以之行世，而名爲所掩，字溫如，系出扶風，故結社即名扶風，一以表其用，一以敦其本耳，秉敎天方，世居日下，尊公西園，受廛設肆於西郭門外，與市人爭錙銖之利，心不懌也，時以不克光前裕後爲切切憂，既生連良頗洽欲望，目擊世風移易，譚梅諸氏繼起，勢張氣王，足以傲王侯而降尊貴，轉風俗而比功名，因擇師授藝，使連良習爲歌，工生色，而褊隘固陋未足以言爭雄鞠部也，時科班有喜連成者立未久，第一班弟子以喜字行，甫卒業，如王喜秀雷喜福康喜壽侯喜瑞諸伶，皆克表表於時，乃使連良入二科爲弟子，連良之名由是稱焉，連良既從名師肄習，其所造詣，自異於前之拘墟，登壇一鳴，傾動燕市，眞有如長安門歌萬人空巷者，爾時方十餘齡，聲勢已邁儕輩，聲容都雅逈不猶人，唱作逼眞儼同神化，知音之士，咸知其池中神物待時而飛矣。以愛之者衆，日夜高歌無從休息，未久喉爲之敗，喑不成聲，而連良志不少怠氣不稍衰，能於周旋舉措之間，以形容表神理，以韵味槪聲音，反所短以爲長，出少許勝多許，使四座聆衆，只覺其瑜而不見其瑕，與馬富祿合演靑風亭望子一折，聲音低啞韵味蒼凉，能將一雙貧薄伉儷現身台上，一言一動皆自血性中來，座客每爲之泣潸潸下，環顧四座多以巾帕掩目，其感人之深，是眞得戲劇之旨矣。繼執贄於老伶工孫菊仙之門，聆其指點，復師戲界通人賈洪林，得其竅要，因融合其得於科班者，沿革損益鍛鍊成家，適幸喉音康復，足合宮絃，於是別鑄新腔自成逸響，字不必正而字字入人耳觀，腔不必圓而聲聲浸人心脾，運神妙於抑揚頓

挫之間，見精微於控縱吐吞之際，法古而不泥古，師譚而不滯譚，合各派之髓，爲一家之長，文武兼資，不拘一格，又兼天賦丰標溫文儒雅，既雍容具龍鳳姿，復蕭灑有書卷氣，般帝王則華貴堂皇，飾士夫則風流蘊藉，誠所謂淡妝濃抹無不相宜，舉手掀髯盡成妙諦，每一袍笏登場，直如古人復起，尤以般飾借箭祭風之諸葛忠武，爲他人所難比肩，羽扇綸巾指揮若定，一身解數八面玲瓏，凡所作爲，罔不神化，而要妙之辨，則在爲智珠在握之軍師而非譸張爲幻之妖道，本書郝蘭田傳略所載，顧客謂爲此眞諸葛之化身豈顋儈模樣之諸葛所可比擬一語，正可移以贈之，蓋秉賦既異工力又深，聲容之妙自然流露，余生也晚，未及見郝蘭田盧勝奎之作，得見連良之諸葛公，亦歎觀止矣，豈眞今人不若古人耶。勢既鼎盛，於是走津滬游南北，率其所掌之扶風部報聘滿洲，稱使節耀大名，受四方之讚頌，成造時之英雄，連良之志達，尊公之望遂矣。而馬氏猶不自寬假，刻礪愈勤，一劇之成，必集名士以商之，一字之辨，必就通人以正之，甚至一冠一帶之具，必考諮古籍以訂之，必得當始已，不得其當飲食不甘也。今則梨園宗派閭里從風，聲音一傳四海傾耳，勢不下於滿街爭說叫天兒者，可謂盛矣。溫如娶於陳氏，生丈夫子六，惟長子崇仁習武生已克自張旗鼓，餘均年未及冠尚皆就傅，成就尚未艾也，女一，字於梨園世家黃元慶，青年武生儁才也，馬氏之藝，私淑者遍國中，及門桃李亦濟濟盈庭，然足以傳其低徊盤折，而難有其慷慨激昂，天賦所限，不可强也，其衣鉢之傳屬於誰某，尚不可知，然馬氏春秋正富，來日方長，非今日所宜論也。馬氏燕居，恒爲朱書小帖以貽友好，得者珍之，茲編所刋爲其近作，不特有光本書，亦以饜飫同好焉爾。

尚小雲

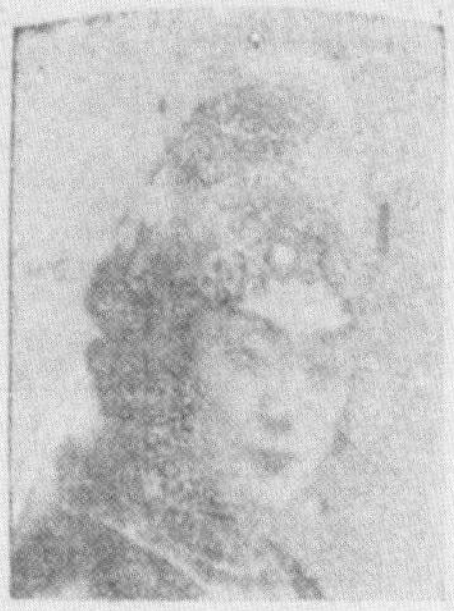

尚小雲又號芳信齋主，平南王苗裔也，西南三王，惟平南世澤綿遠，宗衍庶蘩，而代遠年湮中經世變，鐘鳴鼎食等於編氓，小雲丁玆式微，幼值窮困，乃入三樂科班，習正旦，十餘齡即蜚聲鞠部，與荀慧生同工而異趣，各據版圖，各張旗鼓，而各不相妨，小雲之歌，雖工婉孌，却具雄渾，引吭一鳴，聲如裂帛，如九皋之鶴聲聞於天，字音頓挫之間，歷歷落落如串珠脫綫圓明的皪，迸走玉盤，力足以動屋瓦，旦色中之顏平原柳誠懸也，近師陳漱雲，遠法時小福，字正腔圓意明境朗，引弓必滿彀，運筆必中鋒，故矢出能貫七札，力勁足透紙背，旦工中不以柔媚勝者，亦異人也，小雲自知其不合於調弄纏綿之作，因擇飛仙劍俠奇女烈婦之流，演之氍毹之上，聲容舉止，不啻若自其口出，天性與合也，與梅畹華之雍容華貴，程禦霜之抑鬱悲涼，荀留香之纏綿旖旎相衡，而獨以剛勁婀娜自樹一幟，竊嘗擬之群芳，梅畹華牡丹也程禦霜梨花也，荀留香海棠也，尚則傲霜之老鞠也，各有其不朽之風焉。性好義，跌蕩不事

田舍，有所得隨手輒盡，冬寒歲逼同業嗷嗷，公社不能濟其困，小雲乃出住舍契劵，質金以賙之，爲近今之世士大夫所難覯者，而小雲行之若固然，不以家計縈懷抱也，其伉爽明快慷慨任俠濟人之急而不事生產，擬之吾傳略中之時小福，殆如繪影，尙亦振奇人哉，子三或習生或習旦，亦皆崢嶸頭角，偶感於某科班之制度，起而組成榮春科班，敎育徒衆二三百人，尙對之，食必親嘗，衣必手訂，歌必擇尤而親督之，甚至面部勾勒之工，亦必親與指點，提携卵翼，愛護逾於子弟，所以培植者，無微不至，曰期以無負良心耳，並其子亦納之科，所以鍛鍊磨礪之，不使享世業而隳學業也，今者尙氏三長與榮春全部繼長增高日進不已，已有嶄然露頭角者，小雲之志遂，小雲之心苦矣。將來梨園世家，或與譚遲時梅並駕齊驅，其貽謀後昆者遠矣。尙氏專藝能謝標榜刻進取屏旁騖，故不以翰墨稱，所列序文是其精心之作，用光本編，或亦世人所樂觀者歟。

程硯秋

程硯秋名不詳，艷秋其稚齡藝名也，即以行世，掩眞名矣，字玉霜，年及壯，乃易其名曰硯秋，字禦霜，顏所居曰禦霜簃。淸代閥閱世家，鼎革後，家式微，依母以居，形影相弔，無所計脫穎，漸至生計費籌措，時世風丕變伶倫大昌，梅畹華一鳴驚人，獲高名囊厚利，齊敦槃友縫掖，聲勢之盛不可一世，硯秋聞之，歎曰此亦丈夫名世之捷徑也，語有云不爲良相則爲良醫，不克爲廊廟之瑚璉，吾其爲閭閻之木鐸乎，遂折節執贄於老伶工陳嘯雲之門，嘯雲景和堂弟子也，工正旦富蘊蓄，舉以授之硯秋，根柢以固，而泥古不善通今，不足以問世也，時有榮蝶仙者，本爲爾時旦色健者，以時近夕陽，難期光景，欲得材美之士而互助焉，見硯秋喜，斷爲旦色儁才，曰是可以借資成名，雖不必方駕畹華，亦足以建幟歌場矣，所以玉成輔翼之者殊摯，歌於市，得分席而未足以聳衆也，粵東羅癭公卓犖士也，胸懷抑鬱，一以寄之詩文，出入梨園，藉聽歌以銷磨玩愒，與畹華善，聯臂哭庵少少，以詩詞揄揚，其風甚勁，畹華聲勢於以震揲流輩，而非畹華者流，老詩壇亦不措之意也，獨於硯秋一見傾心，許爲不世才，所以栽培

誘掖之者無不極其致，硯秋得近士林擅文翰耀英名造獨步者，實基之也，瘿公既逝，硯秋感深知遇，所以哀哭喪葬經理妥帖者，亦無不極其致，世人義之，當時有為之詠者稱曰義伶比於前哲，硯秋得國士待我國士報之之義矣。於是創新聲取商調，融秦腔之激越悲涼，而汰其睚眦齾齗，採崑曲之溫文屈曲，而避其沉悶聱牙，以喉音幽咽，不足以為黃鐘大呂之音，乃倡鬼音唱法，因字以就喉，因腔以就字，反古而行之，側鋒以取之，字不求其必正，腔不謀其必圓，而一聲高唱，如三峽猿啼孤舟婦泣，高則如遙天鶴唳，低則似秋夜簫鳴，真有如望帝魂歸血隨聲迸者，以故獨以狀烈女節婦為絕，牧羊圈中乞食一折，其歌聲語韵，雖不諳劇者聞之，亦能知其為節婦哀鳴，音節足以達之耳，並時名旦，能敵其淸越之聲，不能有其變徵之調也，循至世人譽為程派，後進爭立程門，與畹華畫溝而王矣。其人彬彬有儒者概，既以出身世家，又復多近名士，言談雋永舉止蘊藉，儼然學府高士，其所作書，學瘿公得其神似，古拙含蓄頗有唐人氣息，與時余諸伶並稱梨園書家，得者寶之，上列序文是其親書，可以瞻其丰采焉。

荀慧生

荀慧生號留香，又號留香館主，冀南東光邑人，幼從鄉曲科班習秦腔花旦，而碌碌無所成就，十餘齡至京，時有李某組三樂部，成就甚夥，乃輾轉投之，從學焉，仍工花旦，兼肄秦黃，藝名白牡丹，與正旦尙小雲，武生王三黑，武淨劉鳳奎，同爲個中矯矯，旣卒業，知世賞轉移，秦腔運已衰歇，乃專趨徽黃花旦一色，擷取秦腔纏綿嫚娜之長，而敷以黃班疏爽空靈之致，脫盡皮囊立換仙骨，更以喉音少高朗之韵，因別出蹊徑，創製新聲，以低徊宛轉之音，傳抑鬱呢喃之意，論聲音之妙或不及並時同儕，而意境之深則並時同儕未能臻也，輕顰淺笑俏謔佯嗔，曼舞低吟移神蕩魄，豐若有餘柔若無骨，淺如無意深似多情，繡簾一揭，眞似十三四花面女兒，一往情深，憨痴旖旎，小翠花騷在雙眸，而慧生則騷在骨子裏，其顚倒四座有由然也，惟能於風騷中寓性靈，謔浪中袪塵滓，是能取徑上乘驅白鹿車者也，中年以後，更名慧生，兼及花衫，時取閨媛貞婦之叶演之，但削足適履仍不若其花旦一色之純然化意，以故每

値大讌，座客必挽其出演戰宛城得意緣諸齣，四座擊節嘆爲合作，蓋慧生之於戰宛城鄒氏，雖思春從敵望之儼然，而舉手投足一言一笑，能傳神理，使鄒氏昭然爲不守貞節之閥閱孀嫠，而絕非蓽戶蓬門陌頭調客之風騷蕩婦，其於得意緣之狄雲鸞，則雖詞鋒犀利謔浪頻仍，而居止笑顰輕嗔薄怒，的確係小兒女深閨燕婉伉儷情深，絕非倚門娼優翠倚紅打情罵俏，此荀之所以爲荀，居四面勁敵之中，而能建一幟張一軍，齊楚大國不足以撼其聲勢也。二子曰令香令文，令香習旦色，企以紹弓冶，而羽翮未豐，尚不足以冲天驚人，令文年尚稚，讀書於庠，未聞習歌，新進兒女習旦色者，以慧生之技，柔媚醉人，故多從之學，已桃李成蹊焉。更聞慧生擅勾稽精會計，於商業經營億則屢中，積數十萬金營客舍於京中，其氣魄之雄亦足震鑠一時，伶倫操奇計贏者，慧生爲之先河，亦軼羣士也。慧生不以文字名，故所作覩之者少，本編所刊題詞，爲其近作，諒亦讀者所願快覩也歟。

金仲仁

金仲仁清室天潢，禮邸近裔，譜名春元字仲仁，國變後，冠姓金以字行，遂以金仲仁稱焉。編者幼時，與仲仁共硯席，爾時仲仁方及冠，與臥雲居士世哲生松介眉輩，互相酬唱，偶發高吟，伉爽似鳳鸞，清越如笙簫，亢可入雲，薄能彌宙，以與鬻歌後歌聲較，迥不相侔，蓋興趣所及，韵出天籟，羌無應酬敷衍控制抑勒之憾，風流跌宕，豪爽英多，大有平原公子裼裘而來，張李二生高歌自如之概，清室既屋，乃投身梨園，其致力之勤誠如序文所自表，從王長公瑤卿游，得其旨趣，業日以進，名日以彰，佐名部游各地，每獲譽以歸，於小生色中起異軍易新幟，以摭拾記問之學，梨園術語所謂羊班者，獨能得大譽於歌台，不菲薄於行輩，其成就之難百倍於科班子弟，蓋科班人才儼如科甲出身，功業久受陶冶，而羊班成名比於軍功自效，名譽舉出艱辛，世眼之加膝墮淵，同儕之攻玉下石，皆匪易輕言者也。今則大名既立，工力湛深，每登氍毹，儼同現身說法，程繼先逝後，與姜妙香尊為小生碩果，同推老宿，門弟子濟濟蹌蹌，俱成鞠壇良佐，以高維廉始，遂以維字雁序，弁笄桃李已慶成蹊矣。所作序文，眞摯無浮泛語，亟刊之以為本編光，想亦同好所不厭歟。

陳墨香

誌感　　瘦瘦

陳墨香宦家子也，湖北安陸人，父名學棻，字桂生，光緒朝屢掌文衡，洊任尚書，庚子之變，蹋蹶隨扈至西安，積勞逝於行在，得謚文恪，公別傳稱：生二子皆逃名之士，故名不傳。墨香其長公也。墨香以名公卿子，不難登膴仕致青雲，而墨香志不在此，讀書治文外，獨好聽歌，久之亦自習爲歌，能旦色，閨門刀馬無不並能，摹擬王瑤卿，得其神似，先於章曉珊之學王也，國變後，更不復置意世事，日徜徉於歌管紅氍之間，自爲排遣，偶亦發爲文章，陶寫胸臆，清麗一如其人；三六九畫報問世，君爲寫稗官曰活人大戲，以記述光緒朝梨園實況，雖曰小說家言，亦足以輔翼史獻，且嘗脞談曰陳氏野乘，以誌朝野軼聞，曰慈禧後記，以誌西后遺事，皆爲文壇所愛惜。十三絕之製，頗思倚之爲文，扢揚盛舉，乃君困於二豎，未克從事修輯，倘使天假之年，吾十三絕傳略當斐然勝於今著，然雖於病臥之中，於此舉並未淡忘，直至易簀前夕，尚爲吾社社長草成傳記一篇，惜病療神昏語無精采，一日朱社長舉以示筆者曰：此墨香臨危之作一生最後絕筆也，惜精力既竭筆墨枯滯，不得暴之吾傳，恐轉累先生文名，惜哉。足知吾社社長於陳氏傾愛之殷倚畀之重矣。今者吾傳已成，不負初願，陳先生有知，當亦九原含笑，而吾社於君，亦將永志毋諼焉矣。

◎孫老乙

當代名伶傳

當代名伶傳

嵒雲山人題

當代名伶傳

第一編

孫老乙主編

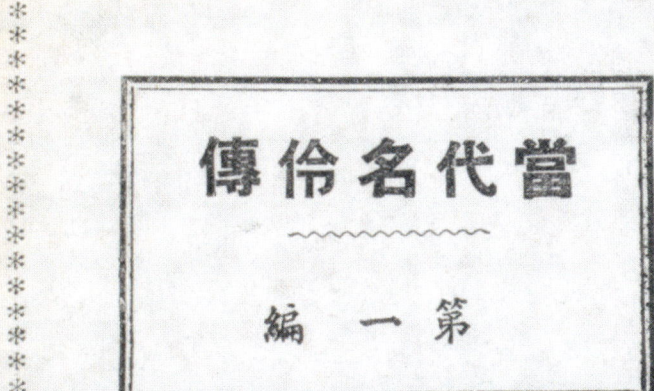

孟小冬

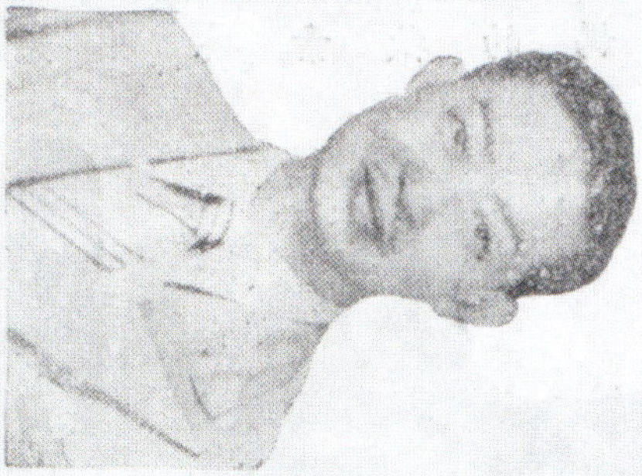
梅蘭芳

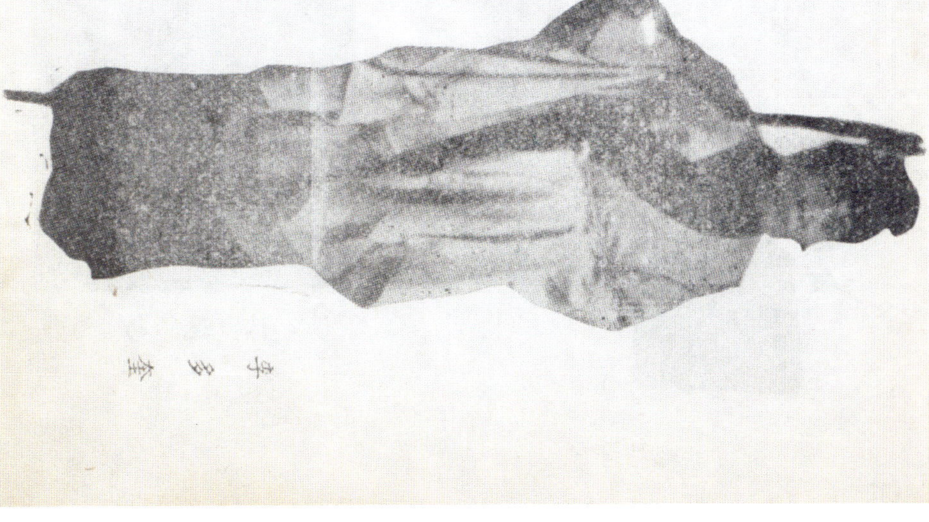
李多奎

劉斌崑與吳素秋的媽

譚富英

馬連良

楊寶森

白雪序言

老乙計劃編『當代名伶傳』的時候，問我有什麼意見？我說這動機很好，希望能夠付諸實現，老乙果然就着手從事編纂工作，進行得非常順利。

似乎費了兩三個月的功夫，有一天，老乙忽然又來告訴我：全書業已完成，即日將付梓出版，我聽了自然非常興奮，好多年來，久無戲劇叢書之類發行，有這一部當代名伶傳問世，分明已打破以前的沉寂。

老乙要我在卷首寫一篇序文，我一口答應，很高興的想寫得詳細點，可是爲了公私冗忙，又爲了體質違和，再三因循，便就誤着一直不曾下筆，後來聽說書已印好，立待裝訂，限於時間，又限於我自己的精神，我也祇好隨意塗寫幾句，藉以塞責。

替伶人著書立傳，這是創舉，何況記的都是當代的名伶！舊劇漸漸式微，一半是故步自封，一半却是發揚無術，遂使大好劇藝，歸於湮沒，老乙有此壯舉，其手腕魄力自値得稱許，但平劇伶人，則因此而有了生氣，平劇重新抬頭，更可預期。

希望舊劇再步入領導地位，不復妄自菲薄，今後興革重任，當然已非繫於當代伶人身上，如能不負所期，則此『當代名伶傳』之編行，其意義便更深長了！

丁亥秋七月王雪塵塗於雪標

李序

環顧目下所謂評劇家和他們發表的文字言論，致力於積極性建設方面的，簡直是少得可憐，除了「翻屍倒骨」之外，所臆下的，也祇是替他們自己的朋友作傳聲筒而已，他們的想法是最好把平劇的水準永遠停留在譚鑫培楊小樓梅蘭芳這一個階段上，不必再求進步，所以一方面儘管有人努力向前拉，可是被這班遺老們拚命向後拖，欲求其前進，眞是事倍功半。

孫老乙兄寫的評劇文字，自有其獨特的風格，他不滿三十歲，自認是個孩子，從不賣老，不啃死人骨頭，他有朝氣但并不是肉麻的前進，憑着他研究所得，用理智來發揮他的思想，雖不敢說有言必中，然而像他這樣肯說肯寫不受傳統思想束縛的作者，是值得引爲同志的，希望他再接再厲的研究下去，繼續發揮他超越的天才，使一班盲目的戲迷們，獲得新的指示，爲平劇的前途掃除絆脚的頑石。

拉雜寫了這幾句，就算是「現代名伶集」的序吧。

李元龍　三十六年八月二十日

俞序

戲劇之於今日。旣可作昌明進化觀。亦可作天演淘汰論。以言昌明進化。則近世戲劇之流行。種類至衆。其有地方性者。如皮黃、崑曲、弋腔、秦腔、越劇等。不勝枚舉。其新興者。如話劇、電影。以至歌舞等。寗非衆美並呈。各擅勝場。以言天演淘汰。則或以優勝劣敗。或以曲高和寡。馴致式微衰落焉，嘗慨夫戲劇前途之演變。其將何所止境耶。惟竊以爲無論何種戲劇。欲冀流傳悠久。常獲觀衆之欣賞擁護者。必有傑出之伶人。其才其藝。足以傳世不朽。則其所表演之戲劇。亦堪延綿久長。爲人稱頌於無窮也。孫君老乙以所輯現代名伶傳。屬序於不敏。是書以平劇爲彊域。所傳者爲現代之名伶。現代平劇之地位。固毋俟余爲之辭費。而其所傳多嶺奇磊落之士。所述爲可歌可泣之事。後之覽此者。心儀其人。而嚮往其藝事。平劇賴以流傳弗替。厥功偉矣。

丁亥秋七月俞振飛識於海上

自序

中國平劇遞嬗蛻變，導源甚古，惟發揚遜清，極盛民初，殆無疑義。顧平劇整個歷史，有異於西洋戲劇史者，歐美戲劇以時代爲經，伶角爲緯，平劇以宗派爲經，時代爲緯，猶之中國史裁，分編年與傳記，歐美戲劇，編年體也，中國平劇，傳記體也，余寢饋平劇，垂二十年，爲求攻磋，多與伶人往還，春間承天下圖書公司之邀，以主編「當代名伶傳」相囑，雖知難，未忍峻拒，其間徵集像片，編撰傳記，辛苦經營，閱半載而小成。值本書初編發刊之日，敬致一言於讀者諸君之前曰：此役之蒇，畢素志也，以余之行能無似，何敢稍存自是之心，第人類藝業，賴先驅而開光大之局，平劇於趨式微，其衍承緒烈，蓋非徵諸故實，難期復興，本書旨趣在是，或足當方家一顧耳！

本書之成，獲師友惠助綦多，白雪元龍振飛兄長爲撰序言而文洛兄編綦排比，始終其事，此則衷心銘感者也！

民國三十六年八月　　天津孫老乙記於小留春館

梅蘭芳

梅蘭芳，字畹華，別署綴玉軒主，江蘇泰州人也。祖巧玲，咸同間名伶，父竹芬，善崑曲，俱早逝。蘭芳幼孤，其伯父雨田撫養之，雨田擅絃索，精胡琴，名滿海內。蘭芳天資敏慧，夙承家學，九齡學曲，十一登場，即博時譽。民初，藝大進，慨乎我國之樂律淪亡，古舞失傳，乃別製古裝新曲若干，僉能抒所心得，臻盡善盡美之境；鎔新舊於一爐，後起藝人，爭相仿效，咸以蘭芳爲宗，遂有梅派之目。民十九，率劇團赴美，籌劃經營，費時甚久，歷遊名城，所出有聲；彼邦之波摩那大學重其藝術，贈以博士學位，戲劇界文學界讚揚備至，實爲我國在美最受歡迎之一人。歸國以后，鑒於國劇之有待改進，乃糾合同志，組織國劇學會，並籌設學校，冀有所闡發。民二十三，蘇聯對外文化協會函聘梅氏赴蘇聯表演，幾經接洽，乃由政府補助經費，於二十四年二月成行，在莫斯科列寧格勒兩處表演，報章雜誌，充滿歡迎情緒，冒爲溝通中俄文化之先着；離蘇聯後，復漫遊歐陸，遍經各國，必觀摩當地戲劇，以資借鏡。抗戰八年，梅氏避地港滬，蓄鬚明志，閉門謝客，雖敵寇數以威脅利誘，屢令登臺，曾不稍動，所謂大丈夫之識爲，於梅氏蓋有焉，勝利來臨，山河重光，梅氏欣然而起，於慰勞慈善之演出，靡不參與，發揚藝術，並以慰愛護戲劇諸君之雅望也。梅氏爲人，性情謙和，懷抱恬澹，志向高遠，平素舍研究劇藝音樂而外，志不外騖；藝事之餘，惟嗜繪事，近年進境尤速，如梅氏者，誠我國藝術界出類拔萃之人物也。

（采自中國福利基金委員會卅六年六月國劇義演特刊）

馬連良

馬連良，字溫如，宛平人，出身貧苦，初坐科於富連成，攻譚派戲，如「珠簾寨」，「定軍山」等，皆所勤習；然連良貫不長於此派，故出科後，藉藉無名，旋走巴渝，亦厄於時，狼狽而返，自是專心凝志，從賈洪林學，走衰派白鬍子如「四進士」，「青風亭」，「甘露寺」等路線，以其扮相瀟灑，嗓音寬亮，尤能於運腔使調上得花巧之勝，逐一步登天，爲梨園大角。其後復自編私房戲如「十老安劉」「春秋筆」等史劇，益爲增重。

連良有一缺點，爲大舌頭，遂令白口字音，常欠準確；然能藏拙，故亦不爲彼成功之疵累，因此捨短用長，更覺唸來乾淨圂揚，此亦馬之聰明處也。

青年琴師李慕良，素以指音清脆，手法明快著稱於時，連良得其多年輔佐，獲益不少。

自抗戰後，連良遭一拂逆事，致阻其登台機會。緣在戰時，馬嘗率班赴僞滿演劇，以此人遂入以漢奸之罪，疊經扣押偵查，卒獲「不起訴處分」，且待事態完全平定，馬將南來獻藝，而此一時爲梨園傑出之馬派，又將復呈於顧曲者之前矣。

譚富英

譚富英爲譚派鼻祖鑫培之孫，小培之子，淵源家學，故凡一切譚派鬚生皆莫能與爭。幼年即酷愛皮黃，初從名教師陳秀華學，嗣入富連成科班習藝，出科後，以嗓好鳴於時，並得其父祖餘蔭，一帆風順，爲譚派鬚生之元魁矣。

富英後逢倒嗓，又染煙癖，聲譽大落，登台演劇，不出全力。戰後戒絕嗜好，南下出演「皇后」，彼時體力猶未盡復，每演一星期，輒休息三日，論者斥爲偷懶或搭架子，恐不能服其心也。與其合作之旦角。王玉蓉，中道因病輟演，乃援引上海戲校學生顧正秋以抵其缺，復由富英錄顧爲義女，稱一時佳話，然「皇后」賣座終不能振。

旋程硯秋登台天蟾，邀富英爲程跨刀，除合作戲外，戲碼列倒第二，惟逢譚貼演拿手戲，「戰太平」，「定軍山」，則使列大軸，以示優異。同時楊寶森亦爲梅蘭芳跨刀於中國，此爲頭牌鬚生降爲跨刀之嚆遍時期。使非譚伶正當鍛羽時期，那肯遷就至此？

天蟾下來後富英即返北平，一度出演關外，惟亦不甚得志。有子元壽，習鬚生，亦富連成畢業，爲譚門嫡傳之第四代矣。

唐韻笙

唐韻笙，籍隸福建，自幼業伶，嘗隸海上老天蟾舞台，然以不得志而離滬，遍走各地，卒留東北，十餘年來坐鎮於彼，久演不衰，遂有關外王之號。又稱「關外麒麟童」，則言唐在關外之聲望地位彷彿麒之在江南，却無誰主誰賓之分也。

唐伶扮相英俊，身裁合適，唱做皆在水準之上，而戲路殊寬，除做工老生外，兼擅武戲及紅生戲，其「艷陽樓」一劇，頗博好評。紅生戲以架子勝，又復能不瘟不火；近方南來出演天蟾，正接江南第一紅生林樹森之後隊，而仍大貼關公戲，不稍避忌，即知其固有可恃者在也，唐韻笙之關公戲中，古城會一劇之後，帶演收趙雲，爲諸伶所無，豈非亦彼所以故示特異之處？

唐伶在東北演唱甚久，其地時在日敵盤踞中，凡營戲院業者多藉特殊勢力，剝削伶人，初許厚酬，及賺得前來，便即反悔苛制，又不容滯離，致伶人受害者不少。唐居該地久，漸得籠絡各方權要，站穩地盤，雄視一方。然以不善居積，故賣藝十餘年亦無甚餘蓄。卅六年夏以昔日東北同台武生張雲溪之介受聘於天蟾，實爲再度在滬出演，而聲勢則不同矣。

唐伶有母在福建原籍，戰時交通不便，未遑一歸省視，此次南下，本佚輟演後，遄回故里探母，不料消息傳來，則太夫人已於戰時逝世，唐伶聞耗躃踊，哀毀逾恆，亦孝子也。

奚嘯伯

奚嘯伯本旗人，方爲貴族，養尊處優時，酷愛票戲，與許良臣陳彥衡等相友善，往來探討，造詣甚深。自清室毀敗，嘯伯亦失所憑藉，乃率性更習皮黃，冀倚此一技之長，以謀生計。由名教師陳鴻壽悉心指導，嘯伯本其既有基礎，進步甚速。自正式下海後，所遇初至平常，爾後爲梅蘭芳跨刀，始蹶然而起，晉於名鬚生之列。嘯伯藝宗余派，嗓有韻味，面有表情，作派瀟灑，惜拘於身裁矮小，扮相呆滯，不然則全材矣。

三十年秋，時嘯伯早離梅氏，自行挑班，偕候玉蘭，高盛麟，袁世海等來滬隸黃金，此爲其前此末次南下。此後即久留於北，出演狀況，殊不見甚佳，後且決意暫時擺脫舞台生活，任北平市立開明戲院經理，迄其職爲陳少霖所代始已。

梅蘭芳於勝利後數度演義務戲，憾無好鬚生爲配，嗣演營業戲，首得王琴生，非上駟選，次獲楊寶森，本爲頭牌名角，亦非適於跨刀之才，頗思重得嘯伯爲助，今秋後搭中國，如馬連良不克來者，則奚伶有故劍復合之望也。

顧正秋

顧正秋，爲坤旦吳繼蘭之姪女，幼嗜皮簧，由吳迓之入上海戲劇學校習戲，坐科時，借校中同學不時公演，由正秋以青衣戲仵大軸，最拿手者爲全部「玉堂春」，有「一句蘇三驚四座」之譽。其嗓高而潤，扮相亦嫵媚，在校時已譽滿海上，爲後起坤旦之最有望者。畢業後率一部份同學挑班，赴各地出演，又與李宗義同搭黃金，互爭大軸，宗義憤而脫離，正秋乃獨支一局，賴有捧場者，賣座得以不墜，爰是長其驕氣。及卅五年秋，譚富英王玉蓉登台皇后之際，譚伶每週輒休息三日，由正秋塡空檔，賣小價錢；未幾王玉蓉因病輟演，院方邀正秋抵其缺，與富英配劇，又由譚錄爲義女，身價頓重，其驕益甚，輿論詆之。一日富英休息，照例由彼過渡，賣座忽慘落，正秋經此挫折，亦稔得失所由，稍知斂避。後出演蚌埠，未見佳勝，其要再紅，或須經一時之鍛鍊也。

有姊吳筱蘭，近搭共舞台，在本戲中演出，無可稱述。

黃桂秋

黃桂秋爲江南名旦，陳德霖之入室弟子，梨園「四大」之外，別張一軍，足與頡頏，惟藝高運蹇，多年掙扎而未能走紅，致有「霉旦」之目。除歸咎於「命」外，其扮相欠佳亦有以致之。蓋桂秋之鼻具鷹爪形，每爲所扮演之閨中麗質損其研媚也。

桂秋之戲，以青衣爲最工，「春秋配」一劇，具各種唱腔，稱黃派傑作，其祕本「雁門關」亦能叫座。前歲佐麒麟童於黃金，未能得意，復自挑樑於皇后，以紀玉良俞振飛爲輔，生涯忽大爲茂美，霉旦出霉之說，稱道一時。桂秋自以承爲此餘風，可以一雪十廿之恥，繼之登台黃金，竟復不振，憤而閉門，從此未再露演。近除錄收中華國劇學校女生沈松麗爲徒，爲人記載外，未見黃桂秋三字已許久也。

桂秋雖見厄於舞台，然平日營商，則頗有羨餘，故雖不唱戲，亦能安渡生活。有子亦業伶，畢業於上海戲劇學校，習小生，即黃正勤是也。戲校解散後，正勤北上，聞改學旦，則將繼父業矣。

桂秋去年喪其妻，頗自哀弔，日除課徒外，借酒澆愁，以遣長晝，未聞有何出演消息云。

俞振飛

俞振飛，亦號箴非，行五，爲書香世家之後，夙工崑曲，爲名小生，後改習皮簧，仍居小生行之寶座。擅演扇子生戲，風流倜儻之態，刻畫精到，以俞伶平日國學修養甚深，腹有詩書，氣度自華，施之氍毹，無所扞格故也。「販馬記」之趙寵，爲彼一絕，每貼此劇，必轟動全城，無論旦角何人，不能奪彼之風頭也。

振飛爲程硯秋配戲最久，洎以細故脫離秋聲社，硯秋歷用其他小生，終不如俞五之愜意。卅六年春，程爲戰後首次蒞滬，出演天蟾，由友人爲彼二人從中拉攏，消釋誤會，再度合作，二人交誼，至此益厚。

是年夏令應四川絲業公司主人范崇實之邀，攜婦自滬至成都，應該公司二十週年紀念堂會演出，以飛機赴，爲梨園界留一佳話。范君篤嗜振飛崑劇，故力請之，振飛於川中人物亦有特別因緣，蓋彼「販馬記」之趙寵，所以爲佳，實因某次觀川劇名伶演此，心儀其藝，向之殷殷請益，故有此造詣也。其夫人亦能崑曲，以思凡一折，最稱擅長云。

姜妙香

姜妙香，名小生，本工青衣，後改行，遂以此享譽數十年。歷佐四大名旦出演，而以幫梅蘭芳爲時最久，故爲梅劇團之基本配角。其藝以飾演窮生爲最擅場，如「鴻鸞禧」，「打姪上墳」，演來維妙維肖。唱工最佳，如羅成之叫關小顯，時下小生罕有貼者，而妙香不時露演；今雖六旬，猶不甘示弱，廢此高歌也。

妙香爲人誠懇忠俠，重公益，輕私利，故梨園界咸推服之，稱曰「六爺」而不名，又號「姜聖人」。有一事足見其戲德，即梅蘭芳出演皇后時，貼販馬記，以俞振飛爲趙寵，妙香毅然願配保童，不以名角而薄此役，一時輿論，咸贊歎之不已。以此謙讓，妙香聲價不特未曾降低，反獲令譽。自此梅氏每演販馬記，多邀俞姜分飾兩小生，平添叫座力不小，可謂因妙香而成之！

有子小香，不傳父業，供職於紗廠，今年結婚，乃爲李瑞亭之女，妙香於是亦爲家翁矣。

童芷苓

童芷苓，人稱「棉花姑娘」，其大舅棺紡綿花二劇，每演輒連旬日，且均滿座，鋒頭之健，世罕其匹，視爲看家本領，其他劇亦頗稱職。本爲荀慧生弟子，惟所學不宗一派，梅程荀尙各派類能演之。學戲純憑聰明，故雜耍戲最稱能手，投世所好，遂爲時下紅伶之首。其走紅亦不過三五年間事，先爲李盛藻掛二牌，隸黃金時，猶未以「劈紡」出名也。

童之家世，傳說不一，茲從「大路」言之。其父漢俠，人稱「老冰棍」，賴芷苓唱戲，收獲棊多。有二兄，長遐齡從事文學；次壽苓習小生，殊鮮所長。童每搭班必攜之，備員而已。又有妹葆苓，習旦，近方秀發，前途殊未可料。此外尙有一弟一妹，不備述。

芷苓近年拜小型報元老朱鳳蔚爲義父，賴其筆下揄揚，聲譽益重。其本人偶亦能文，作鋼筆字頗清秀。曾登銀幕，主演「歌衫情絲」。近復應文華公司之邀，拍「大馬戲團」，飾其中蓋三省一角，惟尙未完全定局云。

袁世海

袁世海爲富連成五科畢業生，習花臉，拜郝壽臣爲師，爲後起淨角之翹楚。走架子花一路，上台肯賣力，灑得開，故不久便紅。南來後，與麒麟童同班，頗得信芳倚重，並師其著意於小動作之法，得號「麒派花臉」。旋以渲染過甚，反趨油滑，論者病之，聲價遂下。乃返北平，再行精習，戰後又隨馬連良來滬，復爲人另眼相看，在中國大戲院與高盛麟馬富祿合演全部盜御馬連環套一場，排名在盛麟之上，此爲袁伶揚得意時期。其後半年，高盛麟一窴而起，與袁挑班於天蟾，稱楊郝二大弟子合作，此時袁之牌已在高伶下矣。

今春程硯秋演天蟾後，袁亦北歸，自挑大樑，爲金少山後淨角掛頭牌之又一人，可見其實有心胸，不肯長居人下者。惟世海一向所演，多居重要配角地位，一旦組班，必須多露正工主角戲，故曾向其師郝壽臣請教，頭二三四本「連環套」及全部「李七長亭」等，出而應世。

袁坐科時與「小梅蘭芳」李世芳相友善，春間李亡機此殞命，袁聞耗大悲，力爲襄營後事，其篤於友情若儕，亦可風也。

林樹森

林樹森爲江南第一紅生，以關公戲最擅勝場，幼無師承，因天資穎悟，苦自研習，遂通其竅，益以年月磨練，遂霸劇壇。未紅時搭抗嘉湖水路班中，以上台火爆得人激賞，後來滬挑班於中國大戲院前身之更新舞台，以老爺戲號召，一舉成名，居「紅生泰斗」之寶座。其嗓扶高無礙，極合關戲之用，走紅之因，亦半賴此也。

林樹森，跑碼頭頗多，戰前曾至香港出演，以港地觀衆不諳平劇，不甚得意而還，前年中國大戲院排「血滴子」本戲，林加入飾年退齡，亘年餘不休。「血滴子」匆匆結束後，林休息一期，近曾在天蟾輔董芷苓；賣座甚盛，林本人亦頗有收穫；惟其素性豪爽輕財，故雖業伶半生，亦無甚積蓄。平素喜周人之急，待人接物，和藹可親，在梨園中人緣甚佳，地位亦尊，人稱「林三爺」而不名。自組有「林劇團」，主要人物有武生王筱芳，小生畢春芳，花臉程少餘等，今則人馬不齊矣。

林年已逾半百，體力已感不濟，每場戲完下裝，輒先充份休息，然後與人交談，其不得不自珍重也如此。

李寶槐

李寶槐，亦名寶奎，今年四十左右，爲北平已故名武生李鳳鳴之子，工二路老生，爲硬裏子中之最佳人材，緣寶槐戲路寬廣，善於襯託，遇主角嗓低者以本嗓應之，嗓高者以左嗓應之，莫不諧和；然有時遇主角稍弱者，亦特別賣力，以奪其采聲，此則爲戲德所不許。

寶槐出身非科班，除家中延師講授外，則由其父指點；及藝成出演，佐李少春，若左右臂，益漸走紅。其 脫離南下，入皇后大戲院爲基本配角，數年如一日。及皇后廢平劇改演電影，寶槐偕該院一部份同人走南京演出，至少春來滬主演天蟾，始復與合作，此近時事也。

寶槐除裏子老生本工外，復能老旦，小生，武生，武丑等行，人稱「戲包袱」。其老旦活且常應，如「春秋配」「八大錘」之乳娘，「探母」之太君，皆可取。故紡派坤伶演「十八扯」「盜魂鈴」一路戲時，彼爲之配，乃甚適當，惟近有一事爲人詬議，則以兼唱「盜鉤」朱光祖，「盜盃」楊香武故，有搶同台武丑戲飯之嫌，此則爲戲包袱之一累也。

李少春

李少春，爲小達子李桂春之子，故名少春，文武兼能，其武戲學自丁永利，文戲爲陳秀華所開蒙。十三歲初搭班，以「打漁殺家」打泡，一鳴驚人，自是專習文戲，出演各地，皆獲佳譽。十六歲倒嗆，乃又精練武工，卒嗓復原，以文武戲更番演出，無不斐然有成，遂得全材之號。

少春曾執業余叔岩之門，其戰太平打棍出箱諸劇得余氏親授。又能於小本戲中兼飾一文一武角色，如「隔江鬥智周瑜歸天」之前魯肅後周瑜，全本「七星聚義」（包括生辰綱併王倫烏龍院）中之前楊志後宋江等，甚有號召力。兼擅猴戲，與其姊夫李萬春不相上下，又以萬春之配角高維廉毛慶來改從少春配戲，以是二人結深怨多年，久未渙釋。少春爲天蟾舞台主人顧竹軒之義子，故南下每隸天蟾，來輒攜武丑葉盛章俱，合作「三叉口」，爲南北第一份云。

戲校花旦侯玉蘭愛之數年，初以父母之阻而不獲諧，玉蘭憤以烟霞自毀其身，後終如願以償，嫁少春爲妾，今且有子矣。少春好玩回力球，平日所得包銀，除以奉老父及贍家外，悉以交於西班牙球員，亦人生一樂歟？

郝壽臣

郝壽臣，本非梨園世家，或云馬夫出身，其習戲由於興趣，終成名伶。郝之出名約在民十三四年時，與梅蘭芳同來海上搭班時，聲譽始起，十七年底與楊小樓同台，以「黃一刀」列於壓軸，僉爲人稱異，時淨角在班中向無地位，實由壽臣之故而得提高。後之金少山稱以淨角挑大之樑第一人，然郝壽臣固亦曾挑班，論歷史且在金少山之先也。

壽臣之私房戲頗多，如「李七長亭」，「桃花村」，「荊軻傳」等，自彼退隱，演者幾無人焉。壽臣體格肥短，嗓音沙狠，宜於演粗坯江湖漢子一路。戰前數年復與楊小樓合作，同編新戲「甘寧百騎刼魏營」，「瑞橋挑袍」，「野豬林」等，演來亦殊精工。郝不喜錄徒，（私淑者雖亦有人，固無自標郝派者，）惟晚年見袁世海聰明，錄入門牆，然所教者均爲普通戲，如「李七長亭」，三四本「連環套」等均未及實授，恐有絕響之可能也。

壽臣生性豪爽，往時有邀其合演者，必須先交錢而後登台，否則寧閒居而弗就。自謂生平不願負人，人亦須不負我，與其麻煩於後，不如鐵面於前，其率直如此。幼習德文，操德語甚嫺熟，爲一天主教徒。有子少臣，畢業於輔仁大學，習醫科，抗戰期間，在後方爲翻譯官，有時效其父唱黑頭戲，人緣甚佳。

壽臣今在此方，除偶教戲以娛晚年外，平日無所活動，此一代名淨，大約將隱居以終老矣。

李盛藻

李盛藻，爲高慶奎之壻，幼入富連成三期坐科，習鬚生，先宗譚派，後改馬派，終匯各家之長，自成一路。出科後，即組班赴華北各埠出演，以其本身成就，彙以配角齊整，頗能走紅。亦嘗來滬登台於黃金大戲院，時童芷苓猶未享名，方爲盛藻跨刀也。盛藻此次來滬，成績未見佳勝，蓋其藝實過於瘟，不合海上觀衆口味，自此北返後，即未再南下，惟在北方仍經常演出，嗓則較前已覺退化。

盛藻戲路頗寬，馬派之「四進士」，譚派之「打棍出箱」，以及「連營寨」「捉放曹」等，皆稱拿手。其所長尤在白口，咬字清晰，尖團分明，可與馬連良之漂亮白口爭長也。

麒麟童

麒麟童原籍鄞縣慈谿，幼年即赴北平入科班習戲，其時嗓音頗好，做工普通，根本不像今日的啞聲，麒派其所以能走紅的原因，大有一番因果在內。

在當年麒老牌離了北京，即想在上海出出風頭，那時在舊丹桂第一台挑大樑，據說在某夕，戲目是武家坡，老牌適在幕內唱完一句倒板，走了幾步台步，台下掌聲如雷而起，於是老牌就得意洋洋地，喝了一口茶以潤嗓子，那知喝完了這口茶，老牌撩鬚接唱原板，就立即倒嗓，竟一字不出，於是心知有異，即閉幕退票，一面即找尋遞茶者，那知遞茶者早逃之夭夭，然因此眞相完全大露，大概是同行嫉妒，買通茶役害他，惟老牌嗓子就此不能復原也。

麒麟童倒嗓之後，大受刺激，祇得暫時謝絕舞台生涯，於是專心研究做工方面，改變作風，注重文武雙全，以冀別創一格獨樹一幟，在他習戲房中，四面皆裝置磁地玻璃鏡對於其本人之一舉一動都可親眼得見，親自改正，如是約十年苦練，結果「有志者事竟成」「麒麟童」三字威名飄揚四海，以致今日婦孺皆知，尤其在江南一帶，更其風行。論其藝確有其獨到之處，武工亦不錯，水袖，水髮，擦袍，台步等等都有出類拔粹之處。

最近麒老牌已年逾花甲，尚在黃金發奮圖强，且演其向所未演過的「文天祥」「史可法」「明末遺恨」「徽欽二帝」等諸劇一一搬上。售座始終勿衰，可見老牌還在大交其老運矣。（錄自真報梨園點將錄）

馬富祿

馬富祿，在梨園丑行中，除老輩蕭長華外，可坐第二把交椅。亦工武丑，曾拜傅小山爲師，惟近歲因年齡關係，乃棄武就文，專演文戲，如去年在高盛麟袁世海連環套中偶飾朱光祖，人咸詫其『新鮮』，不知彼蓋二十年未動此戲矣，

富祿爲『富連成』第一屆畢業生。坐科時即習丑角，在科班中極能吃苦耐勞，學藝孜孜不倦，故深得諸教師器重，認爲可教，將平生絕技悉傳之，故其藝事日益精進，爲科班丑角之高材生。

出科後，一鳴驚人，佳譽疊起，內外行公認爲後起之秀，即諸老輩，亦認馬伶爲一勁敵，故各大名角均紛紛邀彼搭班，爲之配戲，以收牡丹綠葉之效。自此富祿聲譽益隆，一躍而爲第一流名丑。

早年幫尚小雲，荀慧生，後以尚荀二伶不輕出演，乃改佐馬連良，爲時亦最久。連良亦倚之爲靈魂，每出演必攜之爲輔。論其藝術，確有根底，嗓又高亮，所以能紅也。

近年因身體肥胖，扮演角色，有腳腫之病，而演戲亦因成名而偷懶取巧，觀衆漸惡之。在班中人緣亦欠佳。馬連良待罪之日，富祿驟失所依，對人對事已遷就甚多，蓋亦慄於勢之不利云。

裘盛戎

名淨裘桂仙有二子，長曰盛戎，次曰世戎。皆入富連成坐科習淨行，傳其家學，而成就以盛戎爲尤高。出科後，即一舉成名，唱做俱優，善走鼻音，以此

人僉悅之。惟身裁瘦小，臉形減削，是其天賦不足處，又不喜穿胖襖，幾似武生唱蝴臉戲焉。

盛戎在滬最得意時期，在皇后陪金少山唱「白良關」之尉遲寶林，鋒鋩幾蓋罩少山，一時輿論皆艷稱之。其後漸不以藝事為重，聲譽頓減。皇后輟演北回，又復苦練，戒除嗜欲，嘉名復振。適值金少山嗓音塌中，輟唱期間，北方花臉重鎮，遂落於盛戎一身。今年麒麟童主持黃金，慕名邀之，位置三牌，打泡首夕貼其傑作「連環套」列大軸，由麒自飾天霸以捧之，此時盛戎，蓋亦其威不可一世者？

盛戎弟世戎，工銅錘花臉，以有其兄在，地位不高，惟為配「盜御馬」之梁九公，「羣英會」之曹操等，效盛戎鼻音，亦神似之。

金少山

金少山，為今日淨行中地位最高之一人。其父秀山亦當年名淨，少山承其家學，益復稱雄，可謂無忝為克家令子矣。

少山之嗓，黃鐘大呂，響徹九霄，即不入座，立院門外亦能補聽聆之。角兒脾氣甚重，每演多誤場，惟扮戲迅速，可於匆匆蒞院數分鐘內扮就出台，所謂有所短必有所長也。少山之怪癖，除誤場之外，約彼出演，又好搭架子，條件開出，非全依不可。所蓄變物猴狗等獸例須同行。戲館老板無不苦之，惟以彼乃紅伶，能裨營業，故亦不能不曲從之也。少山揮金任性，理財無方，雖多年唱戲，仍無積蓄，且長年負債纍纍。戲館老板每每代其料理，等於撤下定銀，以獲得金少山之出演權，其有足令人百計以求者如此！

少山近年身體，已不如昔，登台以貼一小時以內之齣頭戲為多，或除此以外另饒一齣『虮蜡廟』之金大力；他如「連環套」「霸王別姬」等已認為累工，「審李七」與「李七長亭」亦分二天唱焉。

戰後屢傳金將應邀來滬，合譚富英張君秋而成無敵陣容，惟猶未成事實。七月初少山曾在天津中國大戲院演出短期，同台者王琴生章遏雲李多奎王金璐，此為其最近之登台消息矣。

白玉艷

白玉艷，今為海上出手坤角武旦之首席矣。方其徵時，處大世界乾坤劇場中，充當配角，其父白叔安，亦老伶工，教女習戲甚苦，初應之入共舞台，「白蛇傳」中初露頭角。至抗戰期間，玉豔應聘至南洋新加坡一帶演唱，所至備受歡迎；勝利後載譽返滬，入大舞台，主演新戲「荒江女俠」，以「英雌」面目，得人激賞，至於大紅，非倖致也。

玉豔擅打出手，其老戲如辛安驛，鐵弓緣，金山寺等，亦殊精工。偶反串武生戲三本鐵公雞三岔口，海上武旦蠭尤而效之，亦蔚然成風；咸以玉豔爲競爭對象，玉豔亦足以自豪矣。

今在大舞台，以頭牌姿態出演，星期白天貼老戲，則列大軸，並時坤旦似尚無如其鋒鋩者。其人非徒以藝勝，生活嚴肅，亦可稱道耳。

張雲溪

張雲溪爲已故名武生張德俊之子，幼從其父習藝，繼拜丁永利爲師，復從陳秀華習鬚生戲，藝成後，嘗以鬚生姿態出演平津一帶；後因倒嗓，改應武生，曾去東北與唐韻笙合作。三年前來滬，搭天蟾舞台，以其拿手戲「龍潭鮑駱」打泡，站定腳跟，在天蟾演唱歷數期之久。後去漢口，佐鄭冰如。北歸後，代天蟾邀其舊伴唐韻笙南下，已復與之合作，間爲配「走麥城」「關平」，「華容道」趙雲等，極盡扶持，亦夠義氣之伶人也。

雲溪之武生，短打長靠皆工，「武松」一劇，自「打虎」至「蜈蚣嶺」，一夜演全，而始終不懈，尤爲難得。臉上亦能有戲，異於死唱死打者，故屢搭天蟾，聲譽始終不墜也。

其兄弟行小傑，爲其下把多年，配搭純熟，雲溪得其臂助甚多，又有妹張美娟，習武旦，出身上海戲劇學校，本名正娟，隨雲溪出演天蟾，以出手得譽，一泡而紅，亦儁材也，

陳鶴峯

陳鶴峯爲麒門大弟子，在海派老生羣中，亦屬第一流角色。學麒頗爲神似，唱唸做工，皆得麒牌眞髓者。早年搭鑫記大舞台，與張翼鵬同班，風頭甚健。數年前在共舞台與坤旦雲豔霞由同台進爲夫婦，伉儷至爲相得。近歲陳伶在滬戲運，始終不衰，尤以在中國大戲院主演「血滴子」時爲最紅。血滴子結束後，一度走溫州，旅歸海上，仍入中國主演「太平天國」「

，論其運氣，同門師兄弟中所不及也。

鶴峯除演本戲具有天才外，老戲如青風亭，「四進士」，「連營寨」及「楚漢相爭」等亦有獨到之處。每星期日戲，多以之饗客，列大軸，賣座不衰。其缺點乃有大舌頭毛病，咬字不準，唸京白復帶蘇州味，然在海派本戲中，此等疵病都無礙於前程也。

芙蓉草

芙蓉草本名趙桐珊，亨名甚早，當年荀慧生猶稱白牡丹時代，芙蓉草即已大紅，聲名且在梅蘭芳上。三十年來，人老色衰，然猶爲班中主要配角，極盡綠葉之功能。如「四進士」萬氏，「探母」蕭太后，得意緣狄母，等稱一時良配。偶演主角戲，如「悅來店」「穆柯寨」「活捉三郎」，其號召力亦不弱也。

其藝因年月鍛鍊，勝在純熟自然，游刃有餘。使忘其扮像老醜，則自覺其眞才實藝有足多者。近在黃金，値麒麟童休息，由高盛麟挑樑，芙蓉草佐之，碼列壓軸，采聲亦時有所聞，足見功力自勝，可作典型看者。

芙蓉草除登台外，平常亦爲人說戲，稱南方通天教主，蓋與北方之王瑤卿有相同之地位也。

程硯秋

程硯秋，字禦霜，本旗人，後改漢姓，十二歲習爲伶，初從榮蝶仙學刀馬旦戲，後從陳桐雲陳嘯雲習花旦青衣，及年漸長又經陳德霖王瑤卿梅蘭芳諸名伶指授，加以自身天才運用，推陳出新，於是聲譽鵲起，且躋於四大名旦之第二位矣。

硯秋曾師事順德羅癭公，由羅爲編新戲多齣，又捧場不遺餘力。羅歿後，程厚葬之，爲之服孝，一時輿論皆以爲義伶焉。戰前創辦北平戲曲音樂院，出版雜誌，研究國劇，又出國考察年餘，圖從異域借鑑。抗戰前準備再度出國，戰事旋起，爲避敵僞計，隱居於北平西直門外青龍橋，躬耕遺日，攝有照片傳示友好，以明其志，其特立不苟多類此。

硯秋工於悲劇，表情細膩，出神入化，至緊張處，使人渾忘置身何所。其唱腔別創一格，輕細低狹，如游絲不絕，頗爲悅耳，號稱程派，風靡一時。水袖功夫已臻絕頂。失於肥胖，然能藏瑕瀰瑜，觀者久而不覺也。傑作有「鎖麟囊」。「春閨夢」，「荒山淚」等。曾南下天蟾舞台，譚富英李少春均先後爲之跨刀，營業雖以種種原因，未見佳勝，然程派傑作，則一一露於觀衆之前矣。

韓金奎

韓金奎爲江南著名文丑，享譽數十年，其爲人頗聰明，在台上插科打諢，隨機應變，利用應時即景辭令，引人發笑，極饒詼諧之能事，以此迎合上海人心理，此亦韓金奎成名祕訣之一也。爲人和靄可親，絕無時下伶人驕貪惡習，故內外行人緣頗佳。彼之走紅，爲與麒麟童合作「封神榜」時期，直至目前，雖未嘗大紅大紫，然其爲南方重要丑角則始終如是也。

韓除小丑本工戲外，生旦淨俱能，亦「戲包袱」之流。在其拿手戲拾黃金中可具見其多方面的才能。近年搭中國大戲院長班，自「血滴子」以至「太平天國」均膺重要腳色。餘暇亦爲票友說戲，惟不以此爲生；以韓生活固頗優裕，唱戲多年手頭自有積蓄也。

有子韓雲峯，亦業伶，習武生，拜高雪樵爲師，娶婦新谷鶯，爲江南後起坤旦，曾爲麒麟童班中當家花旦者，因亦「一門三傑」也。

小翠花

小翠花原名于連泉，富連成弟子，演花旦有名於時，儼然京戲中花旦典型。蹻工之佳，二十年來，無足與並者。其最有名者爲刺殺旦一路戲如「雙鈴」「雙釘」二記，及「殺子報」，「烏龍院」帶活捉，「趙玉」「戰宛城」之類。台上眼神甚佳，白口亦清脆，有咬嚼，能使字字送入耳中。交待之明白，在「說京白」之角兒中，可稱第一。近年嗓音雖敗，然神韻不減，身段水袖以及舉手投足，仍屬可觀。在平津猶常出演，多屬義務戲之類，已無挑班聲勢矣。

小翠花最近一次來滬，爲偕馬連良出演於天蟾。多以玩笑小戲饗客，如探親家，小放牛，打麵缸等，在今日花旦戲中，亦罕見而且名貴之作矣。馬連良後易以麒麟童，小翠花仍不動，二人合作殺子報，麒配塾師，捧之甚至。自此以後，連泉即未南來，亦無來滬消息也。

陳少霖

陳少霖爲老夫子陳德霖之子，學鬚生，幼拜名教師陳秀華爲師。其姊嫁余叔岩，因爲叔岩之內弟；嘗從叔岩學戲一日而輟，以心怯不敢復往也，一時傳爲梨園界笑談云。

少霖在童伶時代在北方紅極一時，其時乃師陳秀華所創辦之科班，出演時由少霖挑大樑，因其嗓佳，戲亦不惡，故極受各界歡迎。惟不久倒嗓，所隸科班旋亦解散，少霖蟄居數年，境況頗窘。

自後嗓音復元，東山再起，出演平津一帶，因其底子素厚，故不久又復竄紅。藝宗譚派，如定軍山，打棍出箱，罵曹，洪羊洞等譚派名劇，均稱拿手。其唱唸白口，身上臉 ，皆具譚派作風，台上又能認眞卯上，雖未能至大樑地位，然在 牌老生中，則屬上駟之材無疑也。

少霖嘗來滬搭黃金中國等戲院，願已多年。近在平任市立開明戲院經理，受當局委派，總理院事，少霖不特台上能唱，即台下亦「能幹」者也。

孫甫亭

孫甫亭爲梨園行中前輩，與李奎多爲同時之老旦行出色人才，惟享名不及李，始終居於二流地位。隨四大名旦多年，尤以當梅蘭芳時期爲最長，梅王亦依之爲左右手。現以年事已高，衷氣衰退，故一般戲院老板，均不敢冒險邀之搭班，恐彼無號召力，以致影響營業。惟硯秋念及舊屬情份，每出演必請孫伶加入，以備一員。

孫爲北平人，自幼即習老旦，藝較龔雲甫稍遜，惟高於李多奎。嗓門蒼勁有力，身上亦極乾淨，唱唸淸順悅耳。如「望兒樓」，「滑油山」，「釣金龜」等，久稱佳作，頗爲內行所讚許。惟頻年運惡，未嘗大紅。而爲人慷慨好義，肯出財力助人，人爭稱之。

今聞在平，晚景欠佳，諸同行念其爲人，常周急之。後起者亦尊以前輩之禮，可以稍慰其懷也。

尚小雲

尚小雲位列四大名旦之中，以刀馬旦戲最稱於時。嗓音圓潤嘹亮，扮相在嫵媚中微帶殺氣，尤擅做工。拿手戲爲「十三妹大破能仁寺」。在民國二十五年，隸南京某戲院，連演此劇數月之久，其時票價每張售一元五角，連場客滿，始終賣座不衰。此外其唱工戲如「三娘教子」，「二進宮」，「祭塔」亦佳，又編新戲，如「綠衣女俠」「青城十九俠」等，每貼亦座無隙地，不愧爲「四大」之一也。

現尙小雲不甚登台，自辦有「榮春社」小科班，時作職業性演出，由其子尙長春主之。小雲爲人慷慨仗義，好爲人排解，又濟人急難，亦所勇爲。故在菊部中人緣極佳。戰時曾任北平梨園公會理事長數年，頗有建樹，勝利後以任此職恐有問題，隱居年餘，後知無事，乃復出山，重爲馮婦云。

侯喜瑞

侯喜瑞爲富連成首屆畢業之名淨，與郝壽臣齊名，工武二花，如失街亭馬謖，取洛陽馬武，蘆花蕩張飛，皆爲侯之絕作。此外如架子戲亦佳，方其紅極一時之際，在平一日連趕三場法門寺，從東城趕至西城，壓軸趕大軸再趕晚場，不洗臉，乘黃包車來去。侯自笑云，一天被閹三次，傳爲美談。

侯身材矮小，嗓亦不甚洪亮，惟身段極好，韻味醇厚。擅開臉技術，一譜畫成，氣勢沉雄，不類平日乾枯瘦小之人矣。

侯久居北方，戰時未嘗南下，聞其好飲，戲份所入皆付杯中。晚境潦倒，一度傳已淪落天橋茶館中清唱；或云侯伶並未落寞，老境實佳，去天橋僅爲消遣而已云。

李宗義

李宗義爲票友下海之鬚生，拜老伶鮑吉祥爲師。初來滬時，以李玉芝李多奎爲輔，人稱「三李」，由鮑老伶工爲之把場，張廣告於報間，以增重聲價，於是一炮而紅。去年復南來搭天蟾，合作者有鄭冰如張雲溪等，均稱頭牌，而宗義實際担任大軸，成績亦不差。嗣轉入黃金，與顧正秋合演，正秋忽與之爭碼，宗義憤而脫離，旋即北返，猶常聞其出演消息焉。

宗義戲路在譚余之間，如碰碑連清官册，寶蓮燈，戰太平，盜魂鈴等均屬拿手。雙眼有威，扮相嫌瘦，嗓近於左，亦擅老旦戲，反串釣金龜一劇，常恃以叫座；在雁門關中，則不演四郎而反串佘太君，人稱異焉。

唱戲之外，又擅體育，足籃球均爲其所長，常糾合同班伶人組織球隊，業餘鍛練體格，蓋爲梨園中之有朝氣者。

李玉茹

李玉茹爲戲校「四玉」之首，走紅甚早。出校後搭馬連良班，爲扶風社當家花旦。馬連良率班赴僞滿演戲之役，玉茹亦與焉，以是當去年佐李少春出演天蟾時，一度中輟北歸受訊。今連良獲「不起訴」處分，玉茹亦可無事矣。

玉茹與李少春爲配，爲時亦頗久，先後來滬者二次，均隸天蟾，一在戰時，一卽勝利後之去年也。天蟾下來後，爲麒麟童所聘，搭黃金長班，掛二牌，甚爲麒所倚重。玉茹之藝確有根底，加以多年舞台經驗，益形老練。青衣花旦兼工，玩笑小戲演來亦酣暢淋漓；其中如「頂花磚」，「打櫃子」等，且爲並世所罕覯焉。玉茹台上善笑，人稱「笑坤伶」，又號「賽塔姑娘」，則以其腿部粗大逾恆也。隸黃金逾年，在麒麟童薰陶下虛心學習，藝當與日俱進，麒殊爲器重之，非無因也。

曹慧麟

曹慧麟出身秦淮歌女，在京被捧紅後，民國三十一年始來滬搭大舞台，前年在滬，入中國大戲院飾演血滴子之馮香兒，台上嬌憨活潑，居然大紅。自此一帆風順，爲中國之當家花旦，去年更被選爲「平劇亞后」，儼然江南坤旦之「首席」矣。

慧麟久演本戲，故其老戲乃甚少貼演，僅陪陳鶴峯飾四進士之萬氏及明末遺恨之皇后等，未足以窺見彼之眞正戲路也。以其平日擅演風情小兒女一類戲，可知實長於花旦尤其玩笑小戲一路，須有好小生及好小丑，始能展其所長也。

曹慧麟爲人善妒，性情褊狹，往往與人吃戲醋。卽如在中國數年，先後與同台之坤旦張淑嫻，白玉薇、于素秋，均有不和事件發生，故引起報間對彼之正反面文字亦獨多。其所膺之「平劇亞后」封號，反爲人譏刺之把柄，亦非始料所及也。

錢寶森

錢寶森，已故名伶錢金福之子也。金福爲武淨一行中空前絕後之佳材，寶森頗有父風，錢門絕學如武工，身段，勾臉等尚可賴寶森而不至失傳。壯歲爲楊小樓配戲，如拿高登之青面虎，鐵籠山之司馬師等，賴以生色不少。抗戰期間，嘗偕名丑王長林之子王福山隨名票張伯駒至西安，爲張之私人教師，又爲丑票耆宿係履安所器重，聘爲其媳教導練功；故多年來竇森實已謝絶舞台生活，專以教授票友浪跡海上，致後起之梨園子弟無緣就教，恐武淨之眞才實藝，亦將絶跡歌台矣。

高盛麟

高盛麟爲已故名鬚生高慶奎之子，幼入富連成三明坐科學武生，並得及親炙於武生泰斗楊小樓之前，又嘗問學於尙和玉，兼楊尙二派之長。身手穩重，嗓音清亮，爲梨園界不可多得之佳材。民十一已隨奚嘯伯來滬隸黃金，掛三牌，頗獲好評，其後連續在滬搭班，忽犯「懶病」，上台敷衍塞責，聲譽頓落。去年在黃金，幾淪於班底地位，戲碼列開鑼，懸牌在李金鴻之下。値夏日麒麟童休息，由金鴻，盛麟領導過渡，盛麟偶露鬚生靠把戲戰太平定軍山，演技精湛，歆動一時，不讓於當時皇后之譚富英。以此一舉，盛麟忽復受人注意，索性多貼老生戲如打漁殺家，賣馬當鐧，「打出箱等，以一文一武叫座，並其本工武生戲亦加足功力，煥然一新。一時論者對高，有「敗子回頭」之喩。盛麟之地位，頓時提高，黃金對之，亦稍加禮遇，嗣以程硯秋來滬搭天蟾，盛麟兼爲天蟾趕包，對黃金戲碼未能並加著重，嗣後卽以是爲麒麟童所壓，幾有回復萎靡故態之概。今夏復得挑班過渡之機會，盛麟知所奮勉。又復竄紅，地位且較之去年時節爲尊，在黃金懸牌，亦已提高。此後如何，未能逆料，惟可斷言者，卽盛麟旣懷絶藝，且遇識者，如不自棄，定可聲名日上耳。

蓋叫天

蓋叫天本名張英傑，行五，人稱蓋五爺，河北高陽人，久寓江南，遂爲南方武生宗匠。幼習鬚生，意欲超越小叫天譚鑫培之成就，故取此名。一夕譚涖場觀蓋演劇，未終場，顧謂同伴曰：「似此殆未足以『蓋』我也！」遂行。旣而蓋倒嗓，改習武生，由其四兄蓋月樓（又名張英俊）教授，宗李春來，復從三兄賽旋風（又名張英浦）習武旦，擷若干身段加入武生戲，遂以「邊式」見勝儕輩。成名後，自成「蓋派」，所長諸戲有惡虎村，（打泡首夕必貼此劇，）三岔口，史文恭，武松，洗浮山，翠屏山連石秀探莊等，尤稱李春來之後江南第一短打武生。中歲傷腿，晚年筋力又稍衰，武功已遜昔時驃悍，而功架轉旋洗鍊穩健，足爲後生楷模。近歲不常出演，五年來僅於黃金，卡爾登，天蟾各演一期，徵有「叫好不叫座」之憾。閒常家居，練功不輟，無間寒暑，並親傳絕藝於其幼子小蓋叫天。其長次二子翼鵬二鵬，久已出道，均習武生，傳其家學，惟所獲於蓋五者不及其幼弟之多云。

李萬春

李萬春爲李永利之子，工武生，娶小達子之女，故與李少春爲郎舅親，而二人相忌甚烈，恆打對台。又萬春每出演，首夕必貼「落馬湖」加副標題曰「殺李佩全家」，以劇中李佩爲其壻萬君兆招惹敵人入寨，致遭覆沒，萬春蓋以此「李」之受誅咀咒其岳父也。小生高維廉，武生下把毛慶來，初隨萬春，後投少春帳下；萬春排新戲十八羅漢收大鵬，至以摩利維，摩利廉，摩利慶，摩利來等名分名妖將以辱二人，其胸襟狹窄多類此。

萬春於民十七八間來滬，隨小達子隸更新舞台，時猶作童伶姿態；自後多加歷練，自行挑班，所演多小本戲，如全部林冲，全部黃天霸，全部武松等，及猴子戲，均自標一格，以驃悍著。其武松自打虎至獨臂擒方臘，一夜演全，尤稱鉅製。亦偶演鬚生戲，如失空斬等，則嫌爐火未能純青矣。

萬春來滬次數不可勝計，最近者兩次，則在金城與皇后，其間相隔，且二三年，去今亦三年矣。戰時以有媚敵行爲，勝利後被人檢舉下獄，判刑二年半；近將出獄，滬上聞有聘之出演者，固自有生意眼也。

李薔華

李薔華初爲上海某公司遊藝場中一演雜耍之小女伶，藝名小橘子，抗戰期間入後方，改習平劇，以年輕貌美，走紅於內地。勝利後回滬，以「抗戰坤伶」爲名，初搭大舞台，與其妹薇華（小蘋菓）俱，究竟根行淺薄，未得顧曲者稱譽。旋去南京，亦不得志，復歸挑班於黃金，亦遭鎩羽，乃輟登台之念，姊妹雙雙，出入豪富之家，唯於酒席筵前，歌一二折娛客，儼然交際花模樣矣。新近復膺「交際坤伶」頭銜，即以此故。數月前嘗從芙蓉草習戲，不久便輟，無有下文，蓋彼之學戲無非爲裝點裝點，自不堪痛下苦工也。

張椿華

張椿華，爲天津稽古社科班出身之武丑，拜葉盛章爲師，學葉之作派至爲神似，以年輕力壯，身手矯捷，見稱於時。初來滬約在五年前，搭黃金無藉藉名，後二年與陳永玲王鐵俠賀玉欽郭元汾等偕來隸天蟾，號稱「少壯派」，即便走紅，一台戲集鐵公鷄，小上墳，二進宮，三岔口，賣座竟月不衰，椿華即以善學葉盛章得名。其後盛章隨李少春同來登台天蟾，椿華轉入皇后，時往其師處繼續請益。此後便搭天蟾長班，歷佐張雲溪，蓋叫天，李少春（最近一次來攜葉盛章）等。

去年聖誕節，上海發生墮機大慘劇，死傷數十人，椿華亦在受傷之列，則緣其先鄭冰如張雲溪等由滬赴漢口演出，椿華亦偕往，及輟演，乘飛機先歸，遂遭此難。幸而不死，僅創皮腿，臥醫院逾月，有所戀舞人周莉娟日往存問，因訂嫁娶焉。又傳椿華墮機之際，於無意中獲一皮箱，內貯財帛無數，則大難不死，更發橫財，人皆以後福期之。傷愈北歸，周莉娟亦偕去；張原配有婦，閨閫之間，未免有事。傳由周畀貲使椿華出其故婦，輿論嘖有煩言。近椿華復應天蟾約，南下佐唐韻笙，乃以腿傷復發，又耽於色，功夫減退，不能爲天蟾出力，遂被裁北歸，此爲椿華出世以來一大逆境，是否有旋轉之時，即胥待看其努力如何矣。

葉盛蘭

葉盛蘭爲盛章之弟，工小生及旦，富連成三期華業，拜程繼先爲師，長於雉尾生及武小生戲，嗓亦高唱入雲。一度改唱青衣，論者不以爲然，乃復回本行，然遇貼「木蘭從軍」時，猶偶以旦角姿態出現也。其重頭戲如李存孝，石秀，周瑜等，均合老戲數齣而成，另加穿插貫串，號稱「全部」，自成妙構，以之號召，觀者皆譽爲力作，盛蘭亦以此享名，寖且成爲小生首席焉。羣英會之周瑜，當代諸伶多不帶舞劍，獨盛蘭能之，視爲一絕，每貼必加小包銀，一如其師程繼先之作法；其舞劍固亦爲全劇生色許多也。

盛蘭歷佐馬連良，李盛藻，尤以隨馬時期爲多。去年天蟾，邀李世芳陳永玲胡少安及葉氏三兄弟南下，盛蘭多以其全本小生戲列大軸以資號召，實際即等

高盛麟

紀玉良

程硯秋

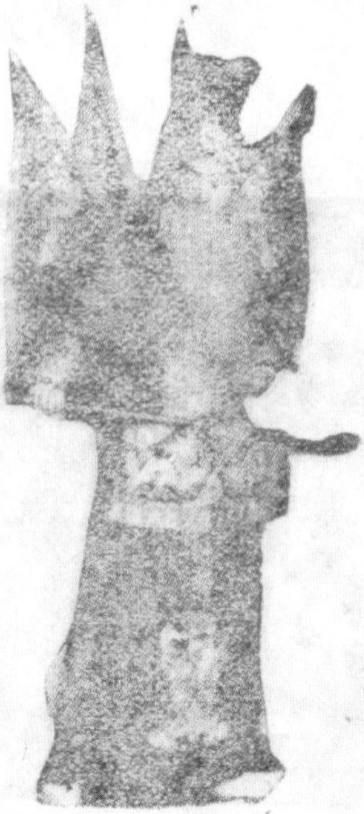

譚富英

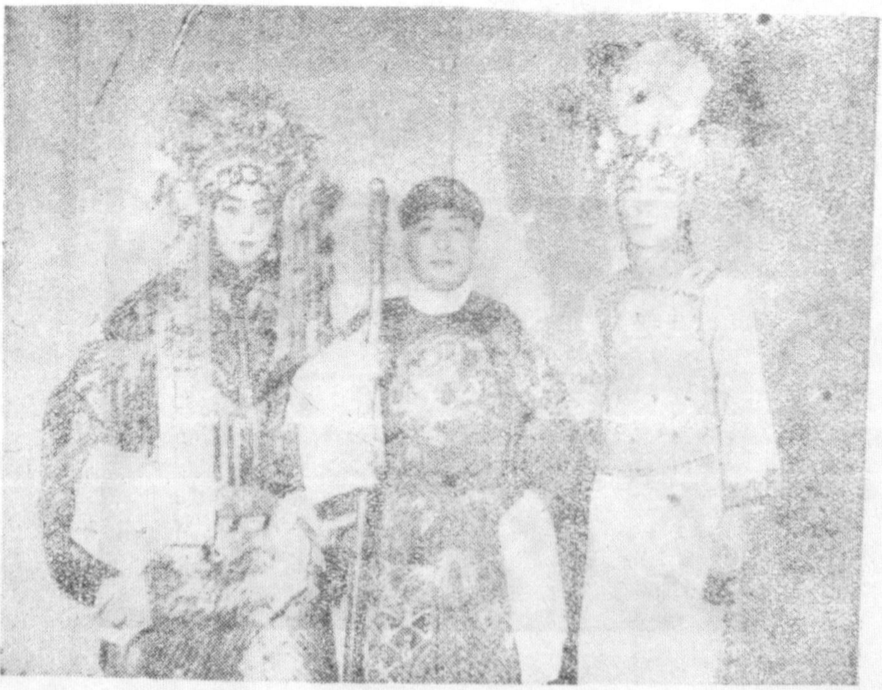

芙蓉草孫甫亭程硯秋之大登殿

於其掛頭牌也。此局名角蓁多，而獨紅一盛蘭，其得意時期，恐無逾於此矣。天蟾北歸後，以不孝師門爲程繼先妻控於梨園公會之前，後經調解，盛蘭向師母叩頭賠禮，並返還所取去之程伶祕本多册，此事始寢，然已留爲話柄矣。

孫盛武

孫盛武爲富連成出身之文丑，資質聰慧，演劇得冷儁之趣。如羣英會之蔣幹，一捧雪之湯勤，歷來稱方巾丑中最難表演者，盛武於此却擅勝場。又如法門寺之賈貴，女起解之祟公道，烏盆計之張別古，青石山之王道士，烏龍院中之張文遠，請醫等，演來俱以蕭長華爲法，兼扮彩旦如劉媒婆，賽西施，王婆諸角亦稱工穩。滬上名丑票孫履安殊賞識之，譽之爲蕭長華以後一人，並錄爲義子，加意栽培之，盛武得其親授亦多，且益紅矣。

盛武初次南來，爲民國二十八年秋，隸更新舞台（今之中國大戲院）。其後屢搭黃金，天蟾，均足盡綠葉之助。今春復隨李少春來滬，現已北返。有兄盛文亦出身富社，工大面。

葉盛章

葉盛章，爲富連成科班主人葉春善之子，行三，坐科本班習武丑，以肯用功，復得名伶王長林指授，遂得藝成名就。傳盛章幼時，其父逼之練功，溯天令赤體囚於土房之內，盛章不得不揮拳蹤跳，以增體溫，而祛嚴寒，積久肢體靈活，遂助於習戲幼力不少，出科後搭班，聲譽鵲起，一度自挑大樑，開梨園界未有之奇例，而其武丑戲爲現存南北第一份，則亦無可置疑者也。武丑正工戲，如偷雞，盜甲，盜杯，盜鈎、三岔口。五人義，小本戲如酒丐，盜銀壺，重耍配角戲如刺巴杰、戰宛城、溪皇莊、打漁殺家等，盛章莫不能而且精。而打漁殺家中之大教師，在盛章挑班時且置於主角地位，而以蕭恩桂英降爲配角，嘗見其戲單如此，誠爲奇蹟也。

盛章拙於嗓，唱唸顯糟；除武戲外，文丑戲惟偶見其武大張三，以及與花旦合作之玩笑小戲如小牛放，打槓子，頂花磚等。其猴子戲亦有名，惟不常貼演。

盛章近年亦常來滬，多與李少春合作，亦嘗佐蓋叫天。在北方則以一般情勢不利於長班，故惟在短期及義務戲中，間亦出演。繼尚小雲後爲北平梨園公會會長，富連成科班自其兄葉龍章退休後亦歸其負責。

有徒張椿華；學其藝絕肖。其四弟盛蘭，五弟盛長；皆業伶，且成名角云。

言慧珠

言慧珠爲故譚派鬚生言菊朋之女，自幼習戲，青衣花旦俱擅，拜梅蘭芳爲師，梅派戲得其神髓。挑班出演，賴鳳還巢生死恨等及其自有秘本百鳥朝鳳，流行時曲劈棺紡花，叫座不衰。近年在滬歷次登台皇后黃金，在京之「中央」，得紀玉良遲世恭等爲輔，儼然童芷苓之勁敵焉。

慧珠之出名，要在戰後，在平以自殺未死傳聞海上，皇后遂邀其出演。彼時，「影星」白雲已戀其人，常出入皇后後台，報間更張揚之；白雲固早爲時人所出齒者，因是人並疵議慧珠。慧珠彼時聲言五年內決不致下嫁白雲，然爲時未久，二人竟以結婚聞，男女間事其不可究詰有如此者！

慧珠嫁白雲五十餘日，忽又仳離，自港回滬，託名入醫院養病，以避注意。間時又出多入豪家，溺於賭博，對唱戲事拋於九霄雲外；而此際童芷苓方走紅，海上平劇地盤又不多，慧珠登台之事殊未易言也。

其兄少朋，習馬派鬚生，慧珠每登台，輒附之，弟小朋學武生，妹慧蘭，亦習旦，今在北平演唱，亦有風頭。

艾世菊

艾世菊爲富連成四科出身之文武丑，嗓音清脆，武工矯捷，爲葉盛章以下不可多得之武丑人材，其時遷戲如偷雞，盜甲常單挑貼演，大名府鬧宅亦頗生色，連環套之朱光祖，則南北當在前五名內焉，其他如巴駱和胡理之狠，三叉口劉利華之衛，亦有名，文丑戲稱擅者有打櫻桃，雙怕妻，小放牛，醉酒之高力士等，三年前來滬充黃金基本演員，又曾佐蓋叫天於卡爾登，後北歸，今年復與裘盛戎同來應黃金之聘，功夫未遜昔日，惟軀體較肥，略不如向時之靈便矣。

王福山

王福山爲王長林之子，亦習文武丑，傳其家學，長林所工諸劇，福山亦多能之，如問樵鬧府之樵夫，祥梅寺之了空僧，打漁殺家之大教師等，然予滬人印象不深，惟究不及其父之精純，曾來滬隸更新舞台，卅四年秋隨名票張伯駒遠赴西安蘭州等處作籌募北平國劇學會經費公演，錢金福之子寶森亦偕往，三人合作名劇頗多，自後寶森回滬，福山則不詳其行蹤，或云已回平，偶亦搭班。

蕭長華

蕭長華爲當今僅存而尚活躍之老伶工，今年七十餘，爲前清「內庭供奉」。工文丑，滑稽冷雋，足爲後生楷模，演方巾丑戲如羣英會蔣幹，一捧雪湯勤，稱爲絕代，當世無人能及，執教於北平富連成科班頗久，所傳茹富蕙，孫盛武，已稱雋材，然猶不及蕭老二三也。

蕭爲梅劇團之老班底，今年春間，梅蘭芳出演中國，猶遠道邀此老來滬，登台合演。第一夕大軸貼女起解，由蕭去崇公道，捧之亦尊之也。其間復與姜妙香合演冷戲「連陞三級」，場子甚重，而無累色，惟以佳配無人，故許多失傳老戲未能一一貼出，誠是憾事。

茹富蘭

富連成首屆小生茹富蘭，北平人，爲小丑茹富蕙兄，其祖萊卿，父錫九，子元俊，均業武生。娶富社主人葉春善之女，故爲葉盛蘭姐夫，盛蘭之藝有爲富蘭所授者，如「羣英會」之舞劍，以及八大鎚之走踩步，摘翎子，戰四將等技術是也，富蘭十二歲坐科，十九歲出科，武生小生兼工，故「八大鎚」，「夜奔」，「戰濮陽」，「石秀探莊」「挑華車」，「麒麟閣」，「雅觀樓」，俱屬擅長。目患近視，程度甚深，三尺以外，卽不能辨物，就寢時亦不能離眼鏡，惟在台上打套子，要出手，則從無有失者，練熟故也。

富蘭近年不常，搭班，受名票趙培鑫聘爲私房教師，已將一年，住大中華飯店，培鑫並供給富蘭爲人和藹可親，對內外行皆，體貌謙讓，無伶人習氣，殊覺難能也。

荀慧生

荀慧生爲四大名旦之一，初名白牡丹，工花衫戲，得「嗲」字訣，楊屮屮，沙遊天，舒舍予等羣起捧之，組有「白黨」，傳稱一時，慧生之小姑娘戲絕美，如大英節烈，得意緣，打櫻桃，花田錯等，豐聲如書，而絕非大家閨秀風貌，其京白甜而細，清而柔，碎而糯，又是一種風光，後輩得傳其妙者，不見有人，惟毛世來差可取耳。

慧生私房新劇亦有數本，如香羅帶，釵頭鳳，柳如是，平兒，紅娘等，多爲陳墨香所編，陳在戰時逝世，慧生僅送賻儀四元，一時輿論皆薄慧生無義，蓋不如程硯秋之事羅癭公遠甚。

慧生唱戲多年，本略有積蓄，在平開設「留香飯店」，與其子令香共主之，惟近年境況轉惡，上次來滬搭更新舞台，以胃疾中途輟演，狼狽而歸，所缺演唱日期迄今猶未補足也，去年其妻死，益復無聊，尋續娶一蘇姓女戲迷，渾名「蘇半截兒」者，以資安慰，惟其子頗反對之，慧生二子均業伶，長令香習旦，次令文習鬚生，令香出演，以佐其父時爲多。

李金鴻

李金鴻出身於北平戲校，武旦花旦兼工，出校後在故都聲譽頗佳，初來滬約在五年前，隸黃金，掛三牌，除武旦戲外，亦貼翠屏山，巴駱和，戰宛城，及配演銀空山之代戰公主等，其嗓清亮，無普通乾旦收音時之重濁感，的是佳材，惟臉上無戲，又好笑場，是其缺點，來滬已數次，黃金由麒麟童自演後即加入搭長班，開鑼第二三齣與盛麟輪演，去年夏，又與高同領班底過渡，懸牌及戲碼猶優於高，貼全本翠屏山連偷雞探莊連演扈家莊，由盛麟飾全部石秀，金鴻前潘巧雲，後扈三娘，即其明證，自盛麟以戰太平定軍山竄起後，此局後期之領導權即讓於高，李退居壓軸地位，爲高配演打漁殺家之桂英，鐵籠山之女將等角色矣，此後麒復登台，金鴻戲碼即在高盛麟前，牌子亦降低，昔日風頭，不復存在，直至今夏，盛麟復挑班過渡，與高合作者爲芙蓉草姜妙香而非李金鴻，金鴻僅退居開鑼，長此以往地位益落，於是辭班回北，改換環境，蓋亚人厭故喜新，伶人搭長班未有不漸至沒沒無聞者，如昔裘盛戎之在皇后，高盛麟之在黃金；（如無戰太平之一竄，豈不更劣於金鴻？）故金鴻離滬北歸，再加磨練，實爲上策，好備他日再來之地。

王玉蓉

王玉蓉出身秦淮歌女，然有心向上，嘗夜間鬻歌，晝則入學校讀書，爲校方所發覺，除其名傳稱於社會，玉蓉憤走北平，投通天教主王瑤卿門下深造，乃復南歸，以「鐵嗓鋼喉」受譽一時，非復在秦淮時之蠖屈矣。在滬數登台，均搭皇后，然體弱多病，每難終局，最近一次佐譚富英，未幾即以病輟演，代之者爲顧正秋。予顧以「竄起跌倒機會」，蓋猶去秋事也，有女名「小王玉蓉」，年十七八，亦習旦行，貌與玉蓉相似，蓋親生也，三十三年後，玉蓉與童芷苓白玉薇李硯秀等共四坤旦合作於皇后，偶以病休息，由其女代，四五花洞中飾假金蓮，歌來亦應付裕如，後玉蓉與譚富英同台時節，譚欲爲子元壽求婚於其女，小王拒之，以不欲偶梨園中人，事遂不成，玉蓉不願再多接觸，遂乘病後休息機會脫離譚氏父子，閉門教女，不聞其搭班消息矣。

玉蓉嗓音清甜高健，嘗與管紹華合灌四郎探母，與馬連良合灌武家坡等唱片，成績殊佳。

梁次珊

梁次珊爲南方青年丑角，曾隸麒麟童之移風社，台上有捷方，能臨時抓哏，常致鬨堂焉，戰時嘗以熱心辦事，謀公衆福利，爲人所忌，譖於敵前，捕入憲兵隊羈押，後釋出，則人已諭令名戲院不得錄用此人，故一度陷於苦况，勝利後解凍，以有往事在，爲南方梨園所重，推爲伶界聯合會領袖人物，入天蟾舞台爲基本演員，如翠屏山之潘老丈，女起解之崇公道，羣英會之蔣幹，武十回之王婆，拾玉鐲之劉媒婆，凡一流丑角所担任脚色，均由次珊演之，遇北來名丑則讓賢焉，至今將二年，次珊在天蟾地位依然不墜。

次珊又擅大劈棺之二百五與紡綿花之張三二工，紡綿花中表演各種雜藝，得彩之多，不下於主角花旦，歷佐楊菊蘋，童芷苓，趙曉嵐等，差一些者且不及次珊之風頭焉。

蓋三省

蓋三省爲南方有名彩旦，天津人，幼爲梆子班出身，後爲彩旦，且自組一班來申，班之名稱，大概叫「醒世社」，後爲黃金榮所留，全班解散寄身上海，以迄於今。擅演「六月雪」之禁婆，「惡虎村」之濮天雕妻，「能仁寺」之賽西施等角，一時無兩，程硯秋每演「金鎖記」，必邀蓋三省配禁婆，今春復搭天蟾，已邀妥劉斌崑專配鎖麟囊之春梅，包銀六百萬，復煩三省禁婆，三省亦要求此數，程之左右斥之，三省退，程遽親赴其住處請之，三省感之，乃行，兩人之義均不可及。

三省歷搭滬上各戲院，曾在卡爾登佐蓋叫天，近年長在中國大戲院上演本戲，無一定担任角色，往往僅一二場戲，未能申其平生所長也，而三省登台輒灑得開，演鄉婆孕婦之類，小動作每惹人哄笑，其享名固非偶然。或論蓋三省台上玩藝，近於胡鬧，其實亦有所本，天津有一著名彩旦，名牡丹花，一口天津土白，舉凡擠眉弄眼，要屁股等，皆出自該伶，今蓋三省台上一切，悉宗其法也。

李盛斌

李盛斌，富連成出身，與高盛麟楊盛春同稱富社武生三鼎甲。翻打甚衛，能戲有武松、花蝴蝶等短打戲長板坡，伐子都等長靠戲，內中尤以「伐子都」一齣最爲出色，前年搭班皇后時屢貼演之，着靠虎跳，翻四只檯，手提時當堂變臉，帶吐血，演出酣暢淋漓，爲其最叫座之劇。又工武丑，曾飾偷雞之時遷，盜鉤之朱光祖及打漁殺家之大教師等角，惟以身裁頎長，不甚合武丑條件，故宜以武生爲本工耳。皇后下來後，復入天蟾，爲正樑武生。一度赴南京後卽不知其蹤跡。近日夏聲戲劇學校來滬公演，始知盛斌乃，亦在夏聲任武生教習，亦隨該校同來，惟將來再否登台未決定。賀玉欽爲其弟子，盛斌在皇后時卽與賀同台，師徒間嘗有齟齬，賀之藝得盛斌指點者頗多，故戲路與盛斌相同云。

賀玉欽

賀玉欽爲北平戲曲學校畢業生，初次來滬乃與陳永玲張椿華王鐵俠同稱少壯派四傑，除王鐵俠外三人均走紅，賀與張後自天蟾雙雙移至皇后，賀且搭長班焉，能戲推鐵公鷄，三叉口，伐子都，四杰村，花蝴蝶，金錢豹，以不惜力著名，惟演來無一定法度，唱唸刺耳，未稱上駟之材也；毀之者詆爲不過一「下把」之貨色，則嫌過予貶謫。

自皇后停演平劇，改映電影後，皇后諸演員一部份轉入天蟾等戲院，餘則赴南京出演，賀亦偕往，今春童芷苓林樹森天蟾之局，復邀賀加入，此爲彼最近一次在滬，現已回北，近平市有「武生大會串」之舉，賀亦與焉，爲飾三本鐵公雞之張嘉祥，固拿手戲也賀爲風流伶人，與交際花趙瑛嬿，論者之不直其人者亦半以此。

傅德威

傅德威爲北平戲曲學校之「大師哥」，工武生，曾請益於老伶工尚和玉，其佳作如「金錢豹」之狠，「挑華車」之穩，「冀州城」之場子緊湊，「豔陽樓」走邊之穩練，「鐵籠山」起霸之渾厚，實爲餘子所不及，頭大額高，故勾臉戲尤足觀；亦能演霸王別姬，嘗與「胖虞姬」李硯秀搭配，德威數度南來，宋賓羅在大舞台，金少山在皇后，均得德威爲佐，卅三年秋，皇后四坤旦之役，德威亦與焉，與李硯秀演「霸王別姬」即在此時也，自此次輟演北歸後，未再南下，且聞其已棄伶從商，惟未甚確實耳。

德威在戲校畢業生中聲望頗好，不久以前，有迎請前校長焦菊隱主持復校之事，即由德威振臂號召，然未聞成功事實，則原因複雜，不易究問矣。

趙如泉

趙如泉爲南方老伶工，人稱「趙老闆」，文武老生、武生，老旦，花臉，文武丑各行兼擅，又能演本戲，叫座力甚強，早年出演海上各戲院，及各碼頭。抗戰初起，老闆率班正在昆明，翌年共舞台，邀之歸滬，報間作廣告宣揚甚至，自此以後趙即於共舞台掛頭牌，幾近十年，未嘗移動，歷演神怪劍俠傳，濟公活佛，七劍十三俠等連台本戲，每年自夏至秋又復演應時戲白蛇傳與天河配，夏令戲閻瑞生，均由老闆主演，偶貼老戲則充分發揮其所工各行本領，如「五本狸貓換太子」之白玉堂，油溜鬼，八賢王，一趕三，後兼飾三本鐵公雞之鐵金翅一角，鐵金翅因爲趙之老牌活兒也，趙以六十高年，有時亦演盜鈎之朱光祖，三岔口之劉利華，稱爲難得，生性滑稽，即演老戲亦善於台上開攪！此或長期主演海派本戲習慣使然也。

今年一度傳言將脫離共舞台，過班中國，事緣兩院主持人互不肯下而起，一則必邀，一則不放，而老闆亦左右爲難，今則無事，仍在共舞台穩坐第一把交椅矣。

高雪樵

高雪樵爲南方武生之佼佼者，享名甚早，二十年前郎掛頭牌，其後不自振作，藝事退化，地位降落，以致無人請教，近年間有出演外埠，又入天蟾舞台爲基本演員，唱開鑼戲，而以知所奮興，漸復聲譽，如去年李宗義張雲溪時期，連環套由高演後黃天霸，自亮鏢拜山至盜鈎認罪，每場戲翻大氅行頭一次，儼然頭牌角兒姿態，又如今春童芷苓林樹森一局，貼長坂坡漢津口，連演蔡英會借東風華容道，高演全部趙雲，戲碼列於同台武生賀玉欽後，人謂此是高雪樵之揚眉吐氣時期，及唐韻笙接童林後隊，高復留用，不復令唱開鑼，惟配二路武生應工之艷陽樓呼延豹，及鐵籠山之女將，地位既好，評價亦佳，此誠高雪樵由剝而復之轉捩點也。

高之武生，頗走大路，長靠戲如伐子都，挑華車，長坂坡，短打戲如鐵公雞，連環套，均屬拿手，尤以「驅車戰將」一劇，南方惟此一份，久享盛名，唐韻笙在東北因擅此劇，今與雪樵同台，亦讓之不演焉。

韓雲峯爲其徒弟，嘗同台於天蟾，演挑華車伐子都分前後雙演，以事敎導獎掖，亦善爲人師者也。

王玉讓

王玉讓畢業於北平戲校，工架子花臉，初來滬曾搭天蟾，某夕演馬踏青苗，趟馬時落去髯口，幸遮掩得當，注意者不多，其後與金少臣同佐張雲溪，分工架子銅錘，仍搭天蟾彼時玉讓已漸出名，其嗓音寬亮，體軀高大，身段邊式，戲路略與袁世海相似，以連環套竇二墩，取洛陽馬武，穆柯寨焦贊，下書牛皋，蘆花蕩張飛，及曹操戲爲尤工，自天蟾北歸後一年，復應麒麟童黃金之約來滬，爲佐取滎陽之項羽，打嚴嵩之嚴嵩，四進士之顧讀，宋十回之劉唐，其後麒又邀裘盛戎至，玉讓之戲盡爲所奪，僅與高盛麟配惡虎村之濮天雕而已，玉讓不能平，擬辭班北歸，或云過班天蟾。後高盛麟挑樑過渡，玉讓乃獲起用；麒與裘重復登台時，亦以大名府之李逵畀之，戲且視裘之索超爲多云。

閻世善

閻世善爲富連成四科畢業之武旦，前輩九陣風之姪，亦兼演二路旦，出科後郎搭班，以非持出手武工勝人，兼能體會劇情，故未幾郎走紅，在武旦一行地位且與宋德珠李金鴻等相埒，廿八年初次來滬，隸更新舞台，以楊排風，泗洲城，百草山，金山寺等劇爲觀衆所激賞，奠定在上海之聲譽地位，世善所能武旦戲有三十餘齣，與曹通僅能十齣左右輪流貼演，即能搭班登台者，蓋遠勝矣。

今春曾隨程硯秋南來隸天蟾，除在前演單挑戲外，復爲程配演二路旦戲如，風流棒中之謝林風，純粹閨門旦作風。北歸後仍常出演，並聞將隨張君秋復來滬中國之約云。

王瑤卿

王瑤卿，別署古瑁軒主人，爲當今平劇界之宗師，今年將屆七十，廿餘歲爲前清內庭供奉，又與譚鑫培今演於北平中和園，演出南天門，汾河灣、武家坡，桑園會等生旦對工戲，老譚得其助力不小。後與譚分袂，自張一軍，彼時旦角戲路最窄，青衣除諸唱工戲外，無大塊戲可以壓大軸，瑤卿乃自編文武兼重之戲，故青衣兼重做工，實自瑤卿始，其時瑤卿網羅人才最盛，老生爲賈洪林，花旦路三寶，王蕙芳，小丑張文斌，老旦松介眉，小生金仲仁，每演雁門關，（共八本，每天演兩本，）則鬨動九城，瑤卿初飾公主，後以年老，乃改飾太后，以供奉內廷久，習見慈禧之起居動作，效之神似，其蕭后乃成典型人物。

中年以後，息影家居，以課徒自給，桃李滿門牆，尤以女性爲多，稱爲「通天教主」，瑤卿在國劇界之貢獻，實冶青衣花旦於一爐，爲後世闢一條康莊道，四大名旦承其緒餘，乃得各創基業，尤其瑤卿自編新戲，獨張一幟，更開四大名旦各排本戲各領一班之先河，四大名旦固皆曾向瑤卿問業者，其中梅以行輩相同，未執弟子禮，不過偶從諮詢；尚小雲亦未正式納贄，以同班日久，常向請益，其餘程荀皆正式列門牆，故瑤卿領袖當代戲壇，無人能奪其席也。

瑤卿脫歲除課徒外，惟勤研繪事，及摩挲古董，以爲全樂，其弟鳳卿，工鬚生，尚健在，亦輟演久矣。

慈少泉

慈少泉爲已故名丑慈瑞泉之子，亦工丑角，拜曹二庚爲師，爲程硯秋「秋聲社」之新人，自其父起已與硯秋配戲，相從於南北，翼輔忠耿，去冬今春程硯秋來申出演天蟾，亦從之，惟有曹二庚李四廣在前，少泉無甚發揮，二庚中途身故，少泉殮葬盡禮，其後演戲機會亦增加矣，硯秋期滿後，天蟾留用少泉及吳富琴，以與童芷苓配，二人相約，其他戲所派角色唯命，惟程派戲則不允作配，以免有「胳膊向外彎」之嫌，故芷苓之鎖麟囊終由崔熹雲梁次珊配演，不用二人，免爲難也，其界限分明如此。

于素秋

于素秋爲二路武生于占元之女，幼從蘇盛軾學打把子，稍長隨父搭班於滬西大戲院，未幾中國排新戲「太平天國」，邀任武花旦之缺，以八槍出手增至十三根槍出手，又以文學揄揚者衆，一砲而紅，旋以與同台花旦曹豔豔，捧曹者於是抑于，報間正反文字遂互見矣。

于在「太平天國」中飾洪宣嬌，每本有打出手場面，其開蒙教師蘇盛軾爲下把，護之甚至，然聞于對盛軾則不若何厚待，論者鄙之，于拜楊虎爲義父，以楊之介紹得歸梅蘭芳門下，擬學樊江關，虹霓關等戲，然此舉要以粧飾之作用爲多也。

于素蓮

于素蓮已爲江南坤旦之前輩，當年由「四脫離」走紅，在海派本戲中浮沉數年，嗣轉入麒麟童在卡爾登時代之移風社，爲當家花旦，逾年脫離，自走外埠，其間又爲金星公司主拍一片，名「亂世風光」，合演者多爲話劇界知名演員，如石揮，英子，黃宗江等。

自後素蓮有數年爲退隱時期，今夏天蟾爲唐韻笙排「十二金錢鏢」，以缺乏坤旦人材，遂邀之復出，素蓮亦以前輩風儀，來與後進爭勝矣。「金錢鏢」排一本即中輟，改演老戲，素蓮以「小上墳」「打花鼓」等玩笑小戲列壓軸，地位不可謂不高，用知今世重色之外，亦有重藝者在也。

金少臣

金少臣爲後起銅錘花臉之佼佼者，本天津一班底出身，緣其父金壽臣，亦工花臉，搭班於某小班子中，人緣極好，會天津中國大戲院落成，專邀京角，少臣隨父入中國唱開鑼戲，如白良關，黑風帕，龍虎鬭等，然極有心胸，完戲後輒往觀摩金少山之藝，又凡成名淨角蒞津出演，少臣無不排日往觀，以資取法，緣是進步神速，能戲日多。

後李宗義在平北下海，當地一般幫角兒欺生，不肯捧之，宗義乃拉起少臣以爲已助，從此少臣漸露頭角，南來搭班，嘗隸黃金，情況亦不惡，之後復數來滬，與王玉讓同輔李宗義於天蟾，王應架子花，金任銅錘，一時稱雙傑焉，北歸後醞釀拜金少山爲師，幾經波折，卒底於成，從此少臣得名師指授，成就益不凡矣。

魏蓮芳

魏蓮芳爲梅蘭芳大弟子、工花旦，爲李少春配戲甚久。扮相華貴，歌亦清亮，爲二路花旦中之佳才。以「穆柯寨」，「銀空山」，「活捉三郎」，諸劇爲拿手。此外「戰太平」中二夫人，「珠簾寨」中二皇娘，亦稱良配。南來時以搭天蟾爲多。今春方以與崔熹雲爭奪天蟾地盤，相持不下，爰魏與崔戲路相同，一爲梅蘭芳之徒，一爲小翠花之徒，資格又相若，一山二虎，自不相容也。今崔熹雲北歸，魏則仍然留用，爲唐韻笙配十二金錢鏢中之丁雲秀。

所餘徒弟亦不少，以陳永玲陳嘯秋爲最，惟陳永伶藝外則稱爲小翠花之徒，實蓮芳所教亦甚多也。

張春彥

張春彥出身於長春社科班，藝得「老夫子」郭春山，工裏子老生，在平歷佐高慶奎，楊小樓，梅程荀尚四大名旦多年，時北平有「四大裏子」，爲小生金仲仁，小丑馬富祿，花衫趙桐珊，老生卽張春彥也。春彥後專幫程硯秋，其功夫爐火純青，凡得彼配戲者，無不對之生好感，蓋春彥善於服侍主角，不爭勝，不懈怠，純守裏子本色，是以爲佳也。

其子張金樑，入北平戲曲學校習文丑，彩旦戲尤佳，如「穆柯寨」之老端，「能仁寺」之賽西施等。

楊寶森

楊寶森，爲楊朶仙之孫，父名幼朶，習武生，飾貌俊美而藝不高，稱爲「象牙武生」。其叔楊小朶，卽寶忠之父也。寶森行三，自幼承父祖業習伶，學鬚生，攻余派，擅唱工，行腔較馬連良爲大路，又較譚富英婉轉，冲談中微帶刺激，故得譚馬之中，自成一派，最爲討俏。自跨刀地位至組班挑樑，聲譽日上。三十一年來滬搭黃金，爲戰時最後一次南下。戰後梅蘭芳在中國出演，邀寶森合作，賣座不衰，半亦寶森之力也。

寶森本嗜煙，爲伶人通病，戰後限於法令，已經戒絕，嗓亦無有影響，今在北平，時應義戲出演。讀書不多，而書法秀整，天才也。

劉連榮

劉連榮爲富連成出身之淨角，工架子花，如「洪羊洞」孟良，「穆柯寨」焦贊，「刺虎」之一隻虎，以及「別姬」之霸王等，最爲勝任。爲梅劇團老人馬，曾隨博士出國，戰後梅氏重上氍毹，復邀來歸，與梅在別姬中飾霸王爲金少山後一人而已。言慧珠遲世恭登台黃金，連榮亦往佐之，言蓋梅氏弟子，用連榮不無借重之意。黃金下來後連榮卽未有搭班滬上。其爲人極爲溫文，言語輕柔，不類台上之暗嗚叱咤也。

高維廉

高維廉本票友出身，後拜金仲仁爲師，工小生，先隨李萬春，後歸少春之起社，萬春銜之，取其名分拆所編新戲之妖魔名字中以辱之，曰摩利維，摩利廉，其可哂類此。維廉佐少春甚久，中途曾留海上天蟾舞台爲基本演員，至最近始被遣北歸。

維廉體貌略肥，故人謂爲有酒肉氣。嗓亦過剛，惟演戲規矩，能會劇情，是一良配。多年未貼單挑戲，專事爲人配演，所能戲亦甚多。如「羣英會」周瑜，武松之「西門慶」，春秋配之「李春發」等，亦屬要員也。

娶一花間女子爲繼室，名眉君老六，甚相得，後挈以俱歸，補行婚禮，一家融洽云。

毛世來

毛世來爲李少春班中武生毛慶來之弟，排行第五，四小名旦之一，富連成四科畢業，工花旦，坐科時卽常貼演「小放牛」，「花田錯」，「打櫻桃」等戲，甚有成績。出科後爲尚小雲所器重，提攜甚後，後拜梅蘭芳爲師，惟其藝則私淑荀慧生。自挑班出演，被選四小名旦後，聲名益盛。其戲班名「和平社」，曾來滬出演數次。末次搭更新，營業不佳，鎩羽而歸，從此未再南來，將七年矣。其中世來亦不甚得意，嗣鑑於李世芳已死，宋德珠不振，四小名旦中惟張君秋紅極一時，因此力求上進，重整和平社，擬與春秋逐鹿。班中除原有角色外，老生改請遲世恭，武生約楊盛春云。

李多奎

李多奎爲北京第一把梆子胡琴李二之姪，入班戲習老旦，學龔雲甫。其嗓高唱入雲，晚近老旦行中推爲第一，拿手戲爲「釣金龜」，「斷太后，」「滑油山，」及「探母」中之佘太君等。歷搭南北戲班頗多，地位均極穩固，與李宗義李玉芝一度南來，並稱「三李」；又曾佐金少山於皇后，合演「斷后龍袍」，稱爲佳作。晚年唱戲有「搖頭」之病，想係使氣用力，不得不然，爲狀實不雅，但歌來入耳，仍屬醰醰有味。近年在平津，仍常搭班，地位在五六牌之間，常以老旦單挑戲貼倒第三饗客云。

賈大元

賈大元爲賈麗川之徒，幼年宗譚，惜以扮相少差，不爲時人所重。其嗓結實，爲人和藹，無伶人習氣，有文士風。方郝壽臣苗勝春出演漢口任大軸時，大元旦唱前齣戲；其後幇梅蘭芳，以此走紅，遂於二牌老生行中奠定地位。然以吸煙故，損其精力，面容削瘦，不復成人，藝亦退化，所有基礎，毀滅無餘，淪爲班中第四五流腳色矣。

大元與老生賈盛習，小丑賈盛吉，爲異母兄弟，大元居長。其父賈紫林，工武旦，今年已七十餘，尚健在，大元亦一門業伶者也。惜其本人不自作，陷於苦海。可慨也！

楊盛春

楊盛春爲富連成「盛」字輩武生之傑出者，與高盛麟李盛斌並峙稱雄。其戲路與盛麟相似，長靠略勝於短打。台上凝鍊穩重，固典型京朝派武生也。下把爲楊榮樓，與配「三岔口」之劉利華，「白水灘」之青面虎，「趙雲救駕」之馬童等，盛春得其助力不少。

盛春之妻乃譚富英妹，故富英出演時多攜盛春爲佐，以親家而重用之也。去年皇后之局卽是。盛春往時實爲梅劇團之老人馬，曾隨梅博士赴蘇滬獻藝，今春梅氏恢復登台於中國大戲院，盛春卽復來歸，過梅休息時則仍輪小譚爲多。今毛世來重整和平社，亦邀盛春加入，任正欒武生。

郭元汾

郭元汾爲「老夫子」郭春山之子，其父工丑，元汾則習淨行，幼入富連成學藝，出科後即搭馬連良班，以年幼不爲所重，近數年來雖略有地位，然終未奠定穩固基礎，其吃虧處，乃一如馬連昆之在台上開攪，班中綽號曰「郭元閧」，可見一班。

元汾應銅錘花臉，其嗓亮而脆，但欠渾厚之致，當用勁處有時不用，反之不該用勁處則大賣氣力，是其一短。年事尚輕，故須加以歷練也。

元汾雖係富連成四科畢業，然在梨園界輩份頗大，馬連良譚富英等均以「師弟」呼之，以從其父算起故也。

章逸雲

章逸雲爲章遏雲之妹，其藝多從乃姊所學，工青衣，三十一年隨楊寶森來滬隸黃金，演「打漁殺家」，「寶蓮燈」，「武家坡」，「汾河灣」等生旦對兒戲，殊稱其職，近年常在北平演唱，爲二牌坤旦中最紅之一人。蓋逸雲高度適中，扮相美麗，戲路規矩，脾氣溫良，如應二牌爲人跨刀，至受歡迎，楊寶森外，陳大濩亦曾聘用之。三十五年夏一度來滬，擬搭班出演，因海上戲院已盛行數頭牌合作制，對二牌旦角，實憾號召力不夠而不肯容納，逸雲遂快快而歸。年來北平義務戲風起雲湧，常集多數名伶出演一台，逸雲亦切磋其中，得益不少云。

胡少安

胡少安爲少壯派余派鬚生，其藝多爲宋繼庭所授，宋爲譚富英之舅父，久搭富英與孟小冬班，充裏子老生，爲人忠厚，藝事平正如鮑吉祥，穩練近張春彥，故胡少安之藝亦甚規矩。

少安十四五歲即登台，隨李盛藻毛世來赴天律，在世來之「殺子報」中飾官保，唱娃娃生，後始習鬚生。少安天賦，並不甚佳，台風嫌過清癯，而嗓音則異常充沛。靠把戲如「定軍山」，「陽平關」，「珠簾寨」，「南陽關」，皆能應付裕如；唱工戲「烏盆計」，「文昭關」，「空城計」，「借東風」，「

法門寺」亦佳，崑腔亦能販馬記之李奇，偶串「連環套」之天霸，亦氣足神完焉。

少安之父爲胡寶安，隨李萬春彈弦子。娶茹富蘭之女爲室。卅五年經佟瑞三介紹與李世芳陳永玲葉氏兄弟同搭天蟾，其後曾去南京蚌埠等處，演唱亦不無收穫。

張君秋

張君秋本不姓張，實姓氏滕，張乃其母之姓也。母業伶，爲梆子班青衣，走紅於張家口一帶。父滕聯芳，在北平法院任小書記，與其母同居數年，生二子，長名君傑，次卽君秋。後夫妻反目，君秋兄弟改從母姓，其母復與催稅人王姓綽號雪花膏老大者同居，弟兄亦默然從之；其父聞之，乃遁之杭州爲僧。

君秋先是已從其母習戲有得，嗣更寫與李凌楓爲徒，繼入馬連良班，拜馬爲義父，歷在各地出演，於是大紅。君秋與尙小雲亦有一段因緣，則因尙本器重後進，尤喜李世芳毛世來二人，欲收爲已用，其後梅蘭芳在平，籙李毛歸門下，尙乃轉移目標，垂青君秋。尙之親信管事趙硯奎且以女妻之，君秋得尙汲引，遂一帆風順，至膺「四小名旦」之首座。君秋紅後，其父滕聯芳曾北歸認子，君秋母子均稱不認識此人，謂「棍徒耳，」竟不與相合。

君秋爲青衣正宗，嗓音扮相俱屬上策，四小名旦中，今惟彼最活躍亦最得意矣。

楊瑞亭

楊瑞亭爲昔日寶勝和戲班之小主，該班存在有三十年歷史，瑞亭幼處其中，發生興趣，於是從師習戲，幼時工娃娃生，後學梆子老生，又改二簧，習文武老生及武生。拿手戲有「豔陽樓」，「鐵籠山」諸劇。曾赴海參崴，哈爾濱各地出演，所至均博嘉譽。自來滬後，困於煙霞，竟至潦倒，入大舞台應老旦行，如大登殿之五夫人等是，圖一啣飯地而已。近革除嗜好，蓄志恢復舊譽，日在「小日報」自述其唱戲五十年經過甚詳，並擬擇一機會登台濕演其平生的傑作。每日至淨土庵練工不懈，可謂老當益壯矣。

瑞德寶

瑞德寶爲前清供奉，滿洲旗人，幼習武工，根基極好，後問業於黃月山，苦心摹擬，終能傳黃派武生一綫。供奉內府時，並曾爲老譚同台十餘年，常相配演，每值譚串戲時，瑞必於上下場門口窺視，潛摹譚之神態唱做，皆默會其妙。能戲甚博，有二百餘齣之多，惜配演無人，徒使英雄無用武之地，戲湮沒無聞焉。近年瑞老以七十高齡，猶因衣食之故爲人說戲，曾教後起鬚生紀玉良。此外各票房亦嘗延請之，惟非久遠之職。昔上海戲劇學校存在時，瑞亦曾爲該校武生教師數年。

茹富蕙

茹富蕙爲梨園世家子弟，其祖茹萊卿與父錫九及弟富蘭，均工武生，惟富蕙習丑，坐科於富連成，出科後搭班於平津各地。三十一年隨奚嘯伯偕侯玉蘭來滬搭黃金，此後亦數度南來。富蕙得蕭長華親授，能戲甚多，嗓子響堂，白口清脆，爲時下文丑中不可多得之人材。如「女起解」之公道，「翠屏山」之老丈，「探母」之國舅等角色，均得蕭派神髓，長華所有祕本如連陞三級，老黃請醫等戲，富蕙亦從而習之，其蔣幹盜書，且駕乎長華之上，與馬富祿孫盛武同爲富社出身丑角之傑出者云。

紀玉良

紀玉良非科班出身，初爲北平前門車站職員，學戲於馬四立，經萬子和一手提拔，遂下海爲伶。初出演時藝名紀英甫，本於故都各班演唱開鑼，第一次來滬時值玉茹茹挑班黃金，以全體「北平戲曲學校同學」爲號召，其中老生王和霖拿蹻不來，遂臨時覓紀爲替，爲之取名玉良，意在冒充也。其後老生郭春陽來滬搭黃金，一泡而黑，僅三日即輟，由玉良繼其位，維持逾月，一時爲之刮目，自此，一帆風順，以迄於今。搭皇后長班年餘，歷佐金少山，黃桂秋，言慧珠，童芷苓，鄭冰如，均甚圓滿。玉良爲人聰明，嗓音清逸響脆，能戲雖不甚多，而演來俱飽滿純熟，故諸伶引以爲配，皆克收綠葉之效。

玉良在皇后搭班時，與舞女許美玲暱，及北歸，許亦隨行，與紀之大婦賽西施相見，未免有不能融洽情事。一日玉良登台演戲，賽西施將其龍袍剪碎，致臨時無法上台，後經極力調解，兩婦遂化敵爲友，且蒞院並座觀玉良演戲。玉良今坐享齊人之樂，許美玲北上，則住賽西施家，賽南下則住許家，玉良兩地搭班，均無慮慰藉之人矣。

孫毓堃

孫毓堃，爲俞振庭之外甥，孫盛武盛文等之堂兄弟，幼習武生，初名「小振庭」，其後始改今名。學楊小樓爲較有成就之一人。其「鐵籠山」，「長板坡」，演來最爲神似小樓。近年爲煙色所累，不自振作，甚少搭班，故其藝亦已罕爲人見，然偶一露，猶不失楊派典型也。

毓堃於戰時曾來滬一次，時劉宗楊亦南來出演，二人各以楊派標榜，大打對台，結果劉宗楊雖以生活上較爲接近小樓，然所學則不逮毓堃，於是在觀衆評判下，高低立見。足知毓堃確具實學，苟能振作，不難恢復舊譽。

有女嫁武丑宋德珠，翁壻同嗜，其與德珠晚近之潦倒亦同。

馬德成

馬德成爲黃派武生之碩果僅存者、爲馬泰玉之子。其父亦應武生，爲捧錘之流，自恥無能，乃遣子從名武生黃月山學，藝成後出演各地。垂數十年不衰，卅三年曾從童芷苓雷喜福來滬，時年已老，腰腿工夫已遜昔日，齒亦脫落，說白有透風之病，然嗓音猶清勁激越，自足聆賞。平生好酒，其嗓愈飲愈佳，乃屬「酒嗓」也。近年猶常出演，今春與老伶工侯喜瑞在天津合演義劇，一齣「連環套」，鬨動沽上，戲票三日前已預售一空，結束連演一場，始載譽返平，亦佳話也。

德成曩年與苗勝春李琴仙麒麟童等結拜，馬居長，苗行二，其三不詳，李四麒五，今人之稱苗二爺麒五爺者，本此也。

孟小冬

孟小冬爲余派坤角老生，梨園世家也。祖父孟七，爲文武老生，曾與譚鑫培長期合作，其父孟老六，名鴻羣，工武生，叔即孟鴻茂母姓仇，老伶工仇月祥爲其姨夫，現雙目失明；小冬有妹幼冬，一度改名仇樂弟，隸海上時代劇場中清唱，即從其母姓也。小冬學戲，初非從內行問藝。緣昔在軍閥時代，南京有一聽長靠戲甚烈，家中下至廚司車夫司閽，亦非能唱戲及場面者不用，小冬之戲即從此輩開蒙，繼請名教師陳洪壽說戲。在濟南演唱時，軍閥張宗昌捧之，遂紅。其後赴北平，與梅蘭芳矢愛好，繼且同居，今則分袂多年矣。

小冬嘗志拜余叔岩已久，余不肯收，後李少春得列叔岩門牆，叔岩恐小冬向隅不樂，將與少春不利，因並錄之，授少春以靠把戲，小冬以唱工戲。爾後小冬孝師甚至，常往問安，叔岩之歿，小冬襄助極多。

小冬頻年以體弱多病，息影家居，觀衆渴望其藝已久。今年杜月笙氏壽，梨園名角麕集海壖，合演慶祝義劇，小冬擬演「搜孤救孤」一齣，破多年不登台之戒。此後即有擬請之唱營業戲者，惟限於健康，恐難成爲事實也。

其所精戲除「搜孤救孤」外，餘如「捉放曹」，「失空斬」，打鼓罵曹」，「打漁殺家」，「洪羊洞」等，均得叔岩眞傳者云。

陳大濩

陳大濩爲世家子弟，杭州名票，學余派，在杭甚爲出名，後來滬欲下海，先在天蟾演出，第一夕貼「失空斬」，花臉用張哲生，即以當場忘詞，貽笑海上，失敗而退，赴平深造，欲拜余叔岩未果，從老生張連福學戲，出演平津一帶，大連身體素弱，清唱尚可，登台則嫌體力不支矣，還滬後無班可搭，閒居頗久，投杜月笙門下，亦無進展，近在蘭心演唱一場，仍爲「失空斬」，以裘盛戎配司馬懿，尚博好評。

宋寶羅

宋寶羅一門業伶，其母工丑，兄義增亦習丑！過春爲二路老生，兩妹紫萍紫珊，並爲坤旦，寶羅搭班，多攜諸人爲佐，初來上海，挑大樑於天蟾舞台，以嗓音高亢，得三層樓觀衆之歡迎，因是走紅，然其雖高而無韻味，有類汽笛長鳴，人稱爲「火車老生」，後入大舞台，主演封神榜連台本戲，歷二年之久，繼赴溫州出演，嘗與其妹遊山，共題壁刻石，爲邑人羣起反對，以爲伶人狂妄如此，有玷山靈，呼工剷滅之，其實溫人囿於俗見，賤視優伶；寶羅固工書善畫者，在滬日嘗數度開展覽會，於大新廳畫、畫者以蕩姬淫娃爲多，寶羅固之獵豔，夙有「風流老生」之目，每出演，台下捧場者十九爲挾所欲而來之嬰宛蓄也。

李洪春

李洪春爲北派紅生之領袖，郭春山之徒，有弟李洪福亦習伶，曾佐馬連良，今已故，洪春之關公戲勝於氣魄洪大，身裁頎長，其他老生戲亦渾厚有味，久站北方，在梨園中有特殊勢利，門徒最多，以好色、近年藝事漸爾衰退，且少搭班，後患背疽，痛苦殊甚，醫藥所耗，已盡其所有，仍不見愈，北平梨園界倡議爲之唱搭桌戲數台以資救濟，顧全家人生活外，並爲延名醫診治，洪春平日擅演關公，如此疾者，人謂可方之「雲長之刮骨療毒」云。

苗勝春

苗勝春爲永勝和科班畢業生，本工梆子老生，兼工皮簧，擅長多門，武生戲如「走麥城」關平，武淨戲如，尙派「收關勝」，「拿高登」，「牟駝崗」小梁王，「萬花樓」韓天化等，鬚生如羣英會孔明，老旦如「天雷報」賀氏，「得意緣」祖母等，其文武丑更屬一絕，如「瘋僧掃秦」之瘋僧，「落馬湖」之樵夫酒保，「問樵鬧夫打棍出箱」之樵夫報錄，「戰宛城」之胡車，「盜鈎」之朱光祖，「打漁殺家」之大敎師等，無不兼長，與老伶工馬德成，麒麟童等拜把，排行第二，內外行尊稱苗二爺而不名，平生誨人不倦，麒麟竟與其師弟白玉崑並得其授戲甚多，長搭黃金，對同台者提拔獎掖甚至，有德之人也，三十六年春厄於二豎，養病華隆中醫院，以吉人天相，幸占勿藥，未幾復原，登台如舊矣。

劉斌崑

劉斌崑梨園世家，其父亦業伶，今已退隱，尙健在，有兩弟，長韻芳工老生，兼應老旦，幫麒麟童甚久，次韻亭爲武旦，斌崑自幼學戲，初學老生，後改小花臉，初外路班中有一老先生，斌崑從之學戲數年，忍苦耐勞，學得能爲不少，奠定今日基礎，又拜老夫子郭春山門下，研究崑劇極有心得，所收弟子華傳浩，爲仙霓社名角，現教小徒弟姜文啓之藝，斌崑誨人不倦，不善藏私，盡已所知以傳人，爲人聰明，研究一技一藝，必至成功方止，近潛心研究古琴，中夜焚香撫絃，頗得佳趣。

斌崑爲江南第一名丑，「大劈棺」中之二百五，如今日所演出之形式，爲斌崑首倡。又「紡綿花」中張三作卓別林式裝束，亦別開生面。北方丑角來滬，必拜謁之，蓋尊賢也。

遲世恭

遲世恭爲彩旦名丑，遲子俊之子，坐科於富連成，習鬚生，私淑楊寶森，出科後應二牌老生，頗走紅，曾佐毛世來，言慧珠，世恭身量不甚高大，扮相清秀，嗓亦明澈可聽，所能以「失空斬」，「碰碑」，「洪羊洞」等唱工戲爲最，年來極少出演，蓋因自視過高之故，醞釀挑班，事殆未易言也。

有妹二，一嫁武生張雲溪，一配花臉袁世海，都甚相得，世海之妻人稱「遲奶奶」，善處理其夫外事，有賢聲。

王鳳卿

王鳳卿爲瑤卿之弟，稱「鳳二爺」，工汪派鬚生，與瑤卿同時供奉滿清內庭，民國以後，曾與梅蘭芳合作出演故都，其子少卿，現爲梅氏操琴。

鳳卿年來尙未擺脫舞台生涯，與尙小雲合作之處爲多，善書法，伶人中所不多遘者，不登台時，常過其兄瑤卿之古瑁軒閒談，以遣長夕。

王琴生

王琴生，爲票友下海者，出身平北協和醫院爲醫生，癖嗜平劇，力學富英，稱譚伶寓中之醫藥顧問，嗓無譚之寬，而高音勝之，臉上身上均嫌呆板，腰腿功夫則較亦以票友下海之李宗義爲遜色，本不爲人注意，梅蘭芳作勝利後第一次登台於南京及皇后兩院，覓琴生爲其跨刀，始因梅氏而增重，而琴生藝實未高，以偶梅氏，乃若高攀也，其後佐黃桂秋於黃金，前此桂秋略已出霉，紅運可望，此局復趨不振，琴生因是亦未見討好焉，在北方嘗爲一般後起坤旦跨刀，聲譽已較梅蘭芳時爲佳。

賈盛習

賈盛習爲賈大元之弟，盛吉之兄，出身富連成科班，工鬚生，初爲二路老生，隨李盛藻搭班，遲世恭不常出演，北方二牌老生求過於供，盛習遂獲如願，

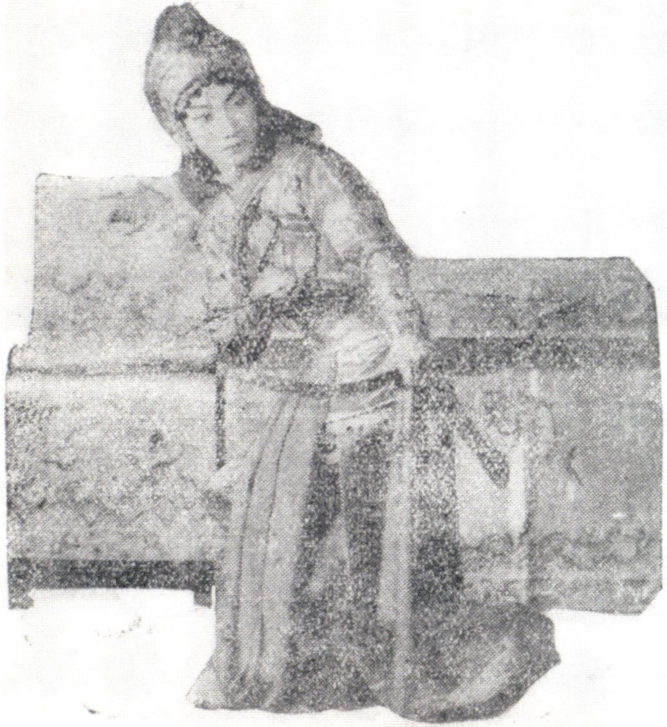

張君秋

陳大濩 李玉芝

金少臣張雲漢之戲照

貫盛習之打漁殺家

馬連良

爲張君秋跨刀，來滬出演更新舞台，北返後基礎更形穩固，爲並世二牌老生中之紅人矣。

王和霖

王和霖爲北平戲曲學校畢業生，習馬派老生，扮相優美，台風瀟灑，爲北方二牌老生中之傑出者，一度與吳素秋論婚，旋以滋生誤會，竟解約焉，後，素秋之師妹李蓉芳同居，李玉茹[illegible]隊出演黃金大戲院之日，號稱戲校全體同學公演，老生約王和霖，而和霖臨時拿蹻不至，遂予紀玉良以竄起機會，此不過五年前事也。

和霖數年前來在平津一帶搭班，爲人跨刀，境況最稱平穩。無緣南下，滬上人士對之較爲陌生。

雷喜福

雷喜福爲富連成科班之大師哥。習老生。工衰派。如「青風亭」。「四進士」等白鬍子老頭劇。最爲對工。隆準高顴，扮相欠美，一生不走紅運，戰時曾爲童芷苓跨刀搭黃金大戲院，芷苓走紅，而喜福依然如故。回北後，淪落本戲彩頭班中時，在天橋出演，潦倒不堪。近況稍爲好轉，與田菊林出演於天津，仍掛二牌，其一生成就，料亦無逾於二牌老生以上矣。

葉盛長

葉盛長，富連成主人葉春善之第五子，盛章盛蘭之弟坐科富社第四期，本名世長，三十五年秋，隨兩兄及李世芳陳永玲等南下進天蟾，始改爲「盛長」，以示與盛章盛蘭同列也。習老生，宗馬派，能戲甚多，或因其僅爲人配戲，故無緣自露其所學歟？遇班中武生無嗓時，盛長亦嘗兼飾一部份有唱唸工夫者，如「連環套」之「議事拜山」，「刺巴杰」之宿店等場面，惟不常得耳。

年事尚輕，娶譚富英之妹，而仍不廢拈惹，有「風流老生」之號，台下頗有豔史流傳。

田菊林

田菊林出身高弋，後改皮簧，工花衫，其崑劇殊有根底，以「思凡」最稱佳構，戰時一度來滬搭黃金，自挑大樑，此後歷演華北各埠，老生有雷喜福，管紹華，沈金波等，又嘗與白雲生等會串崑劇，得經儕之美，亦數參加義務演出，向例坤旦不入義演之際，今菊林與李蓉芳趙燕俠等參加此舉，是破例矣。

鄭冰如

鄭冰如梆子出身，在濟南出演頗久，劉斌崑與之之同台。梆子班中有小愛茹者提攜之，遂登台唱戲，搭天津新中央戲院，津市，有記者宋孤人捧之甚力，漸昇至頭牌地位，與楊寶森同來海上搭大蟾，是爲冰如南來之始。與寶森一局，二人爭牌爭碼，大軸輪唱，戲單兩面印刷，亦不能止其爭端，此局遂不歡而散，戲院營業，爲之大敗。

歷二年又南來搭皇后，跨刀者爲紀玉良，以捧場有人，成績尚稱不惡。皇后期滿後轉入天蟾，張雲溪宋玉聲等輔之，自後李宗義加入陣容，同列頭牌，而冰如退居壓軸，此時期中冰如逗留上海最久。其後與夫馬治中接辦漢口大舞台，屢次失敗，私蓄賠盡，遂鎩羽而歸北平。

冰如身裁頎長，台上豐度優美，而臉上無戲，所擅者唱工而已。其戲路梗程兼宗，故「生死恨」，「鳳還巢」，「鎖麟囊」，「荒山淚」等，均能貼演。又有私房戲「活捉王魁」，則係從梆子班帶來者也。

其夫馬治中，本爲馬連良義子，由連良提拔，爲黃金大戲院邀角人。冰如二次在天蟾開始與同居。其先則姘班中梳頭人名「大水」者。

宋德珠

宋德珠爲北平戲曲學校高材生，坐科習武旦兼工花旦，其武旦戲爲九陣風所說，出手以驚險勝人。出科後南來搭黃金，以「金山寺」一劇哄動一時，黃金主人金廷蓀贈與行頭不少，其後復經評劇界力捧，膺「四小名旦」之一尊號，德珠少年得志，未免因紅而驕，除不復究心藝事外，又日偕管事下把等衆，吃喝嫖賭，一副公子哥兒派頭，與「高登」初無二致。自此步趨下游，漸至無班可搭，今日「四小名旦」之中，李世芳已死不論外，以德珠爲最不堪矣。

娶楊派武生孫毓堃女，翁壻同染嗜好，其潦倒亦同。

李硯秀

李硯秀，人稱「炸彈坤伶」，蓋以其體格健碩之故。習花旦，兼嫻刀馬，能戲推「辛安驛」，「能仁寺」，「拾玉鐲」等。久隨金少山，拜爲義父，少山出演，每以兼邀硯秀爲條件。卅三年少山來滬棣皇后日，二牌旦角即用之。與少山配演「霸王別姬」，有「胖虞姬」之目。少山北歸後，硯秀留滬，與王玉蓉，童芷苓，白玉薇等稱四坤伶合作，維持皇后局面，自此返平後，即未再南下。天蟾一度擬邀金少山，兼及硯秀，然事未果行也。

有弟李鳳翔，習武生，年事頗輕，硯秀登台亦必攜之。

王吟秋

王吟秋，蘇州人，初爲滬上某照相館學徒，醉心平劇，暇每至黃金看白戲，並入後台遊玩，欲拜芙蓉草爲師未果。後得義父榮端昌之援，得遂入梨園界之願，並由榮介紹拜馬連良爲義父。連良與張君秋分手後，提拔吟秋，使入扶風社爲二牌旦角；連良與小翠花，葉盛蘭同搭天蟾時，吟秋亦同來，其義父榮瑞昌捧場甚力，顧以吟秋能力有限，未能走紅，其後戲碼且不常有矣。

吟秋扮相姣好，台下亦文靜如閨女。近年獨愛唱程派，榮瑞昌爲之奔走，復得科硯秋爲師，榮之捧吟秋亦可謂至矣。

陳永玲

陳永玲本爲北平戲校學生，未畢業，戲校即解散，由教師沈某率全體學生赴津出演。永玲後拜魏蓮芳爲師，學花旦，兼工青衣，亦曾從郭春山蕭長華二老學戲數齣。後又師事小翠花，學蹻工，成就推小翠花後第一。眼波欲活，演風騷旦戲得於派三昧。初來滬偕張椿華王鐵俠賀玉欽等搭天蟾，以「少壯派」號召，一泡而紅，尤以「小上坟」一劇最得滬人稱賞。第二次來滬則隨李世芳及葉氏兄弟，以當時人材衆多，鋒芒不及昔日矣。

吳富琴

吳富琴久隨程硯秋，爲二路花旦，並爲硯秋之「秋聲社」社長。輔程多年，忠心耿耿，雖有時搭他人之班，而於所貼程派戲角色，到婉辭助演，免有「胳膊向外彎」之譏也。

富琴於程派戲雖無役不與，然心中無所融會，不能爲人說教。蓋彼爲人但謹愿忠實，所欠者聰敏機伶，私底下亦溫文謙抑，似一儒者。

李盛泉

李盛泉爲有名坤角老生李桂芬之弟，坐科富連成習老旦，出科後殊不得志，來滬後由苗勝春之介，始得搭班黃金，其後過班天蟾、亦苗之力也。盛泉爲人聰敏，平常爲票友說戲，生旦淨丑無不兼能，並拉得一把好胡琴。又能唱小曲，效急口令，在端午應時戲「混元盒」中國嘗露過也。

盛泉身材瘦長，扮相與老旦略有不合，容態不似也。嗓則寬亮有韻味。一度染煙霞，爲人所惡，近已戒絕；在滬成婚，仍搭天蟾長班。

盛泉與梅蘭芳有葭莩誼，其妹李桂芬，寄居梅家頗久。

金仲仁

金仲仁，本清室貴族，爲禮親王府之「大爺」，人稱「春二爺」。幼嗜皮簧，習小生。滿清鼎革後失勢，遂正式業伶謀生。體軀癡肥，而武工甚好，小生在上海唱「雅觀樓」者，金仲仁實爲第一人。昔與張春彥馬富祿芙蓉草合稱北方四大裏子，久佐荀慧生，配「鴻鸞禧」，「得意緣」，「十三妹」，「拾玉鐲」等戲，皆多爲勝任。後因故脫離荀慧生班，由後進徐和才代之。

仲仁在小生行中已爲前輩，能戲之多，程繼仙後一人而已。其弟子皆作維字排行，較聞名者爲高維廉，另一周維俊則已故。

童壽苓

童壽苓爲童芷苓之兄，習小生，拜姜妙香爲師。芷苓搭班時輒壽苓之爲配「紅娘」中之張生，「四郎探母」之楊宗保，「大劈棺」中之楚王孫等角，如「紡棉花」中飾「小赤老」，則品斯下矣。

壽苓本票友出身，能戲無多，賴芷苓汲引始得搭班，外間對之固不重視也。

壽苓與芷苓之關係，傳說不一，或云本爲小丈夫與童養媳一對，因芷苓紅後，嫌其闒茸，故爲兄妹關係，爲之別娶，其結婚亦未久也。芷苓出入遊宴場所時與之偕；非復有情，蓋等於用「保鏢」耳。

徐和才

徐和才爲北平戲校「和」字輩學生，習小生，扮相美好，惟天資稍差。出科後沒沒無聞，後金仲仁脫離荀慧生，班中小生之缺由和才補應，始受世人注意。慧生戲路多屬花衫，飾嬌癡小兒女一類，對小生至爲倚重，和才悉力應付，得無差池。近年慧生不常出演，和才亦無班可搭，閒居故都；伶人凡演荀派小本戲之夕，多邀和才助演，以資純熟，和才亦賴此得無荒廢所業云。

儲金鵬

儲金鵬出身北平戲曲學校，習小生，扮相老實，個子不高。膚色微黑，人稱「印度小生」。出科後拜俞振飛爲師。嘗蓄志入程硯秋班，程之原有小生顧珏蓀病故後，金鵬得遂所願，悉心輔佐，留意揣摩，積久亦能爲人說程派戲矣。三十六年春，硯秋搭天蟾，老生爲譚富英之一局，葉盛蘭加入，專演單挑戲及西配富英，程派小本戲之小生角色仍由金鵬担任。及李少春一局，俞振飛復來與程合作，金鵬退居二路，除配「販馬記」之保童外，幾無戲可演。然得接近乃師，觀摩演出，得益正復不淺。

尚和玉

尚和玉，河北寶坻縣人，習武生，以從容穩練稱。「四平山」，「神亭嶺」，「史文恭」等劇，皆具先進矩範，且爲楊小樓所不及，自成「尚派」。幼年習藝最勤，着厚底靴在冰上練工，故晚年腿腳猶健。因境況不佳，故不得不仍活躍於舞台上，以維生計。所收徒弟有張德發，婁振庭，韓長賓，朱小義諸人。北平戲校武生傅德威標榜尚派，僅私淑而已。惟富社之黃元慶確得其傳授不少。楊派武生高盛麟亦兼尚派之長，蓋亦曾親炙於尚老者云。

張翼鵬

張翼鵬爲南方武生宗匠蓋叫天之長子，亦習武生，長於猴子戲，創造新型猴戲把子出手，並得楊名。嘗搭大舞台演「西遊記」甚久，與同班風騷花旦韓素秋爲室。翼鵬搭班掛頭牌爲條件，而處於今日環境，每院頭牌動輒十八八人，未免發生競爭，故海上戲院往往不敢邀翼鵬搭班，免至不歡，翼鵬惟挈妻同走外碼頭溫州寧波等地獻藝，數年不歸。與其父蓋叫天本不甚諧，以蓋五當時阻其娶韓素秋，翼鵬敢違父命，故生隔閡也。翼鵬演戲以火爆猛勇見長，除猴戲外，張門本派短打戲亦有心得，為海派武生中之佼佼者。

王金璐

王金璐為北平戲曲學校出身，在校時為武生台柱，藝學楊派，以「連環套」最受歡迎。戲校每為公演，台下女學生追求金璐者極多，言慧珠亦此中一人。同時復有李墨英者亦追求之，結果墨英得中原之鹿，與金璐結婚，言慧珠失戀而退。金璐出科後，戲路改變，研習文武老生，拜李洪春為師，崇李甚至，演戲學其氣派，而武生勾臉戲如「鐵籠山」，「豔陽樓」等則仍宗楊派，並參以李洪春之作風，演出火爆，異於一般京朝武生之瘟。

金璐為人溫柔風趣，不修邊幅，居常着粗布大褂，聞鼻煙，玩核桃，一如老前輩派頭云。

朱斌仙

朱斌仙為斌慶社學生，習文丑，久隨慧生，演丑婆子戲最佳。如「拾玉鐲」之劉媒婆，「武松與潘金蓮」之王婆等，近年慧生不常出演，斌仙遂留海上，與言慧珠童芷苓等為配。梅蘭芳楊寶森登台中國之日，斌仙亦過班，惟以有蕭長華劉斌崑在，斌仙殊少用武之地。梅輟演後，休息大半年，復以博士之介，入天蟾佐唐韻笙于素蓮，斌仙蓋梅之親戚，故如此關顧之。

斌仙駝背程度頗烈，唸白亦嫌短氣促，因近年為煙色所影響如此。

霓裳艷影集

◎馬琮蓮

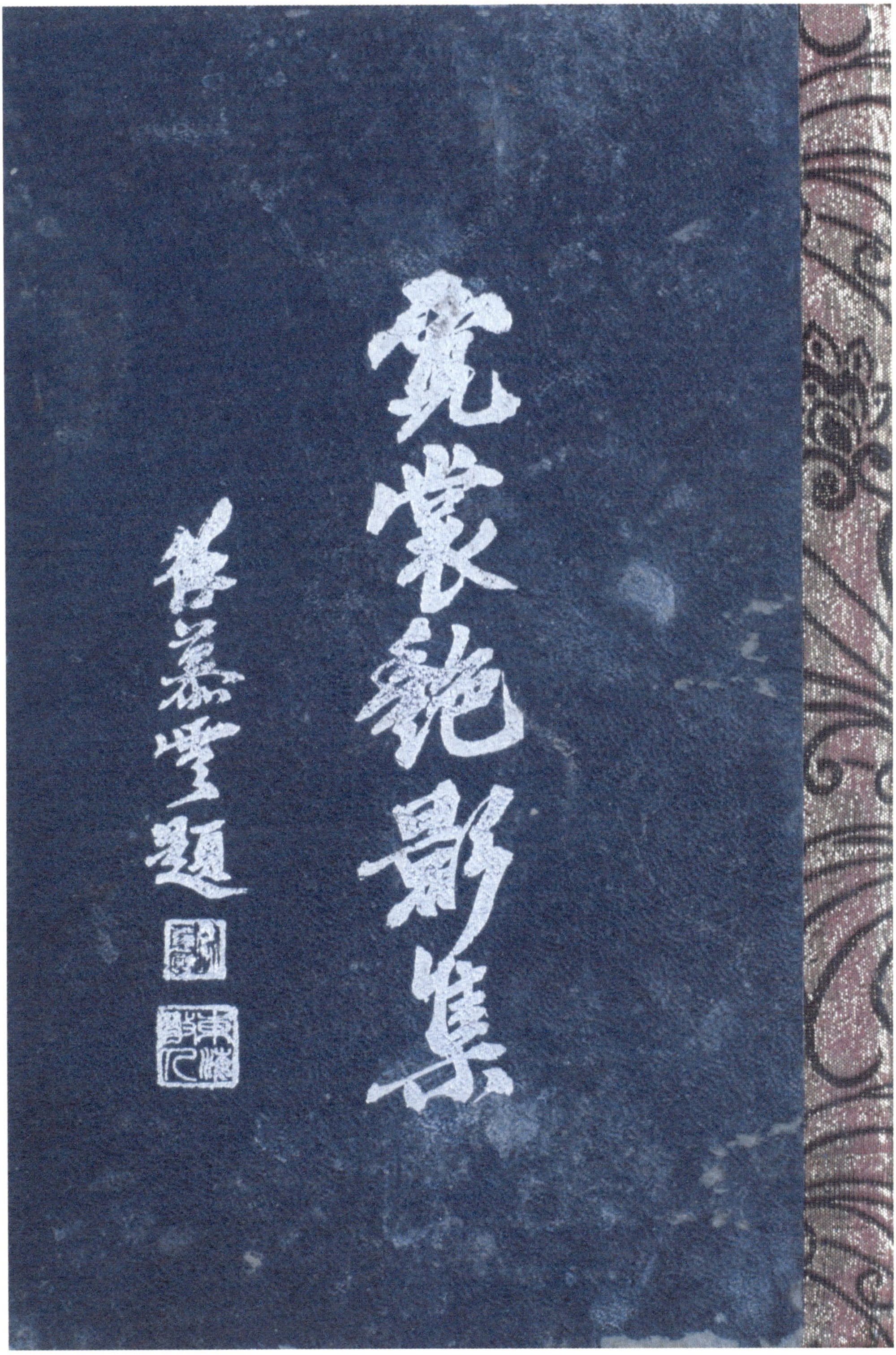
霓裳艷影集

馬琮蓮女士主編

南北坤伶霓裳豔影集

王瑶卿題

畫裏真真

呼之欲出

霓裳艷影集

梅花館主

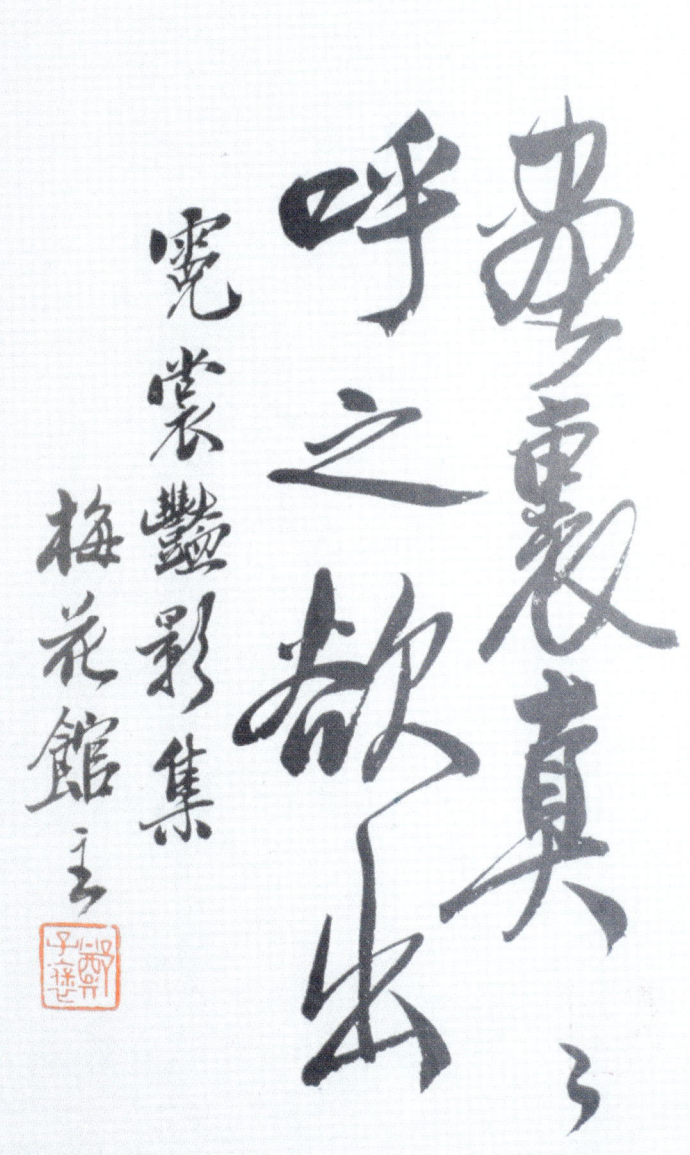

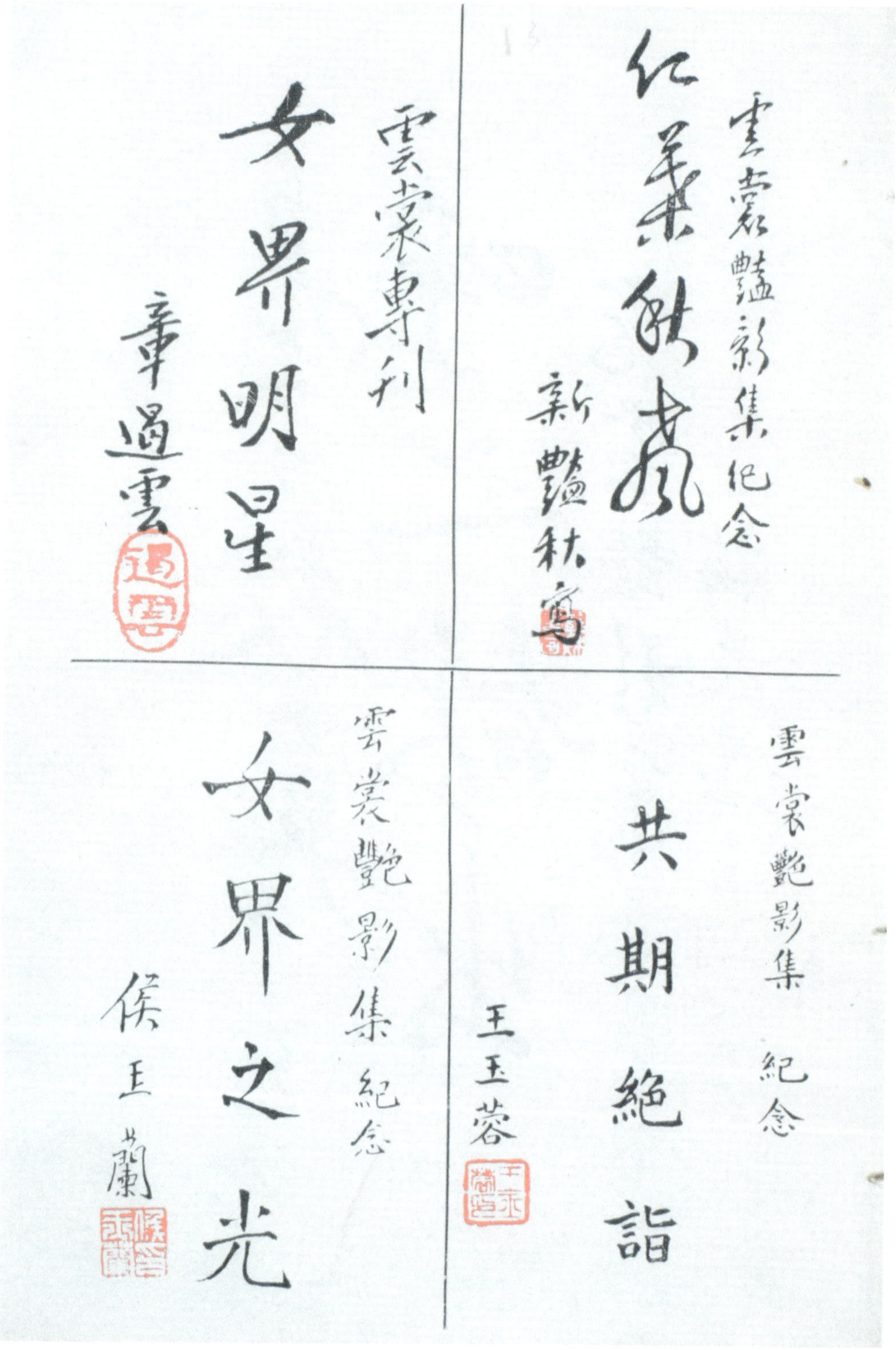
雲裳艷影集紀念
紅葉秋風
新艷秋寫

雲裳專刊
女界明星
章遏雲

雲裳艷影集紀念
共期絕詣
王玉蓉

雲裳艷影集紀念
女界之光
侯玉蘭

雲裳艷影集紀念

群芳咸集

吳素秋

雲裳艷影集留念

笙歌寄意

言慧珠

雲裳艷影集紀念

藝壇之光

童芷苓

雲裳艷影集紀念

流鶯芬芳

李玉茹

雲裳艷影集紀念

落英繽紛

金素琴

雲裳艷影集 紀念

美顏如玉

張文琴題

雲裳艷影集 紀念

國色天香

張雲燕

霓裳艷影集 紀念

菊國奇觀

上海戲劇學校 砥正秋題

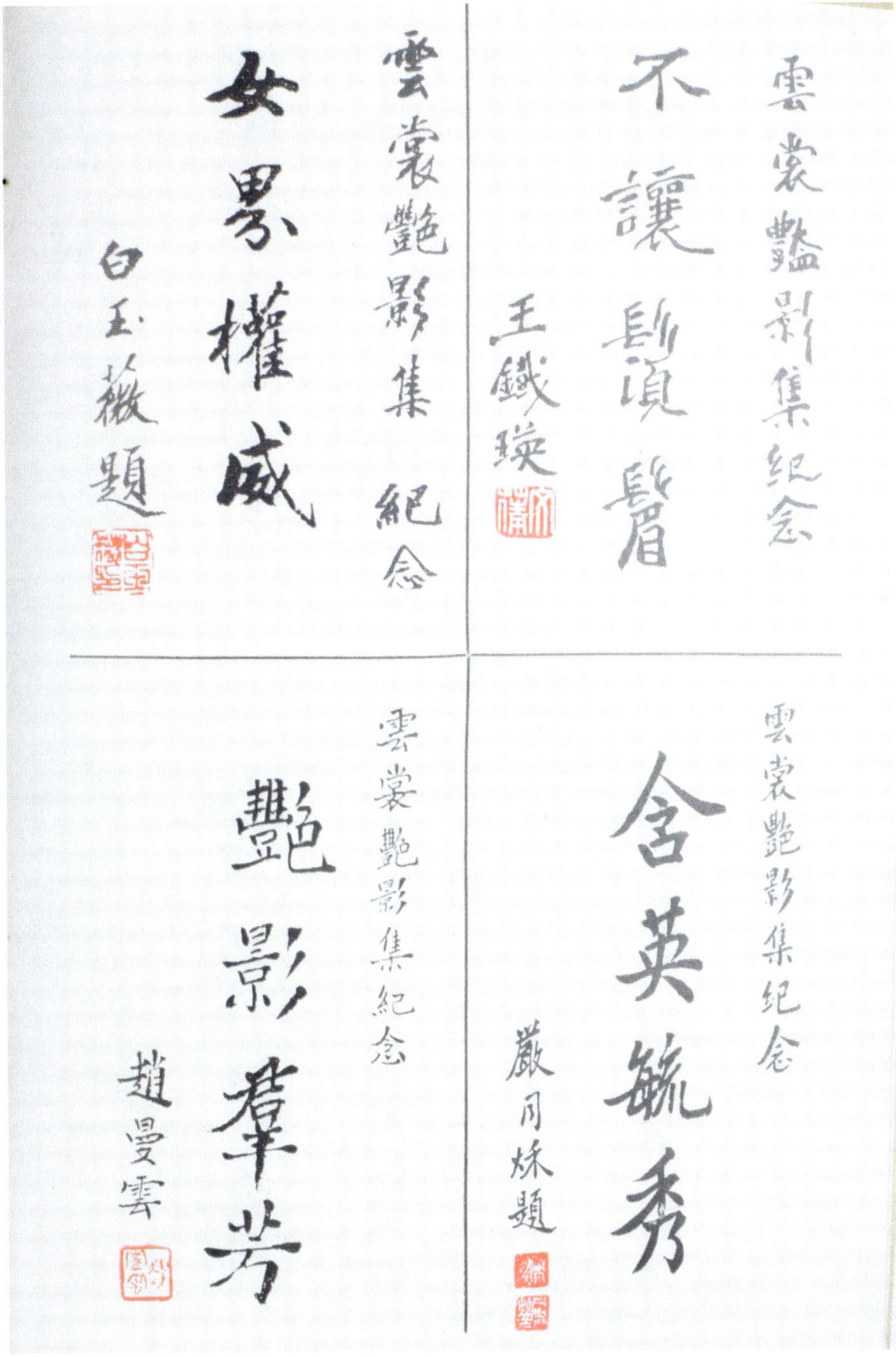

雲裳豔影集紀念
不讓鬚眉
王鐵瑛

雲裳艷影集紀念
女界權威
白玉薇題

雲裳艷影集紀念
含英毓秀
嚴月姝題

雲裳艷影集紀念
艷影羣芳
趙曼雲

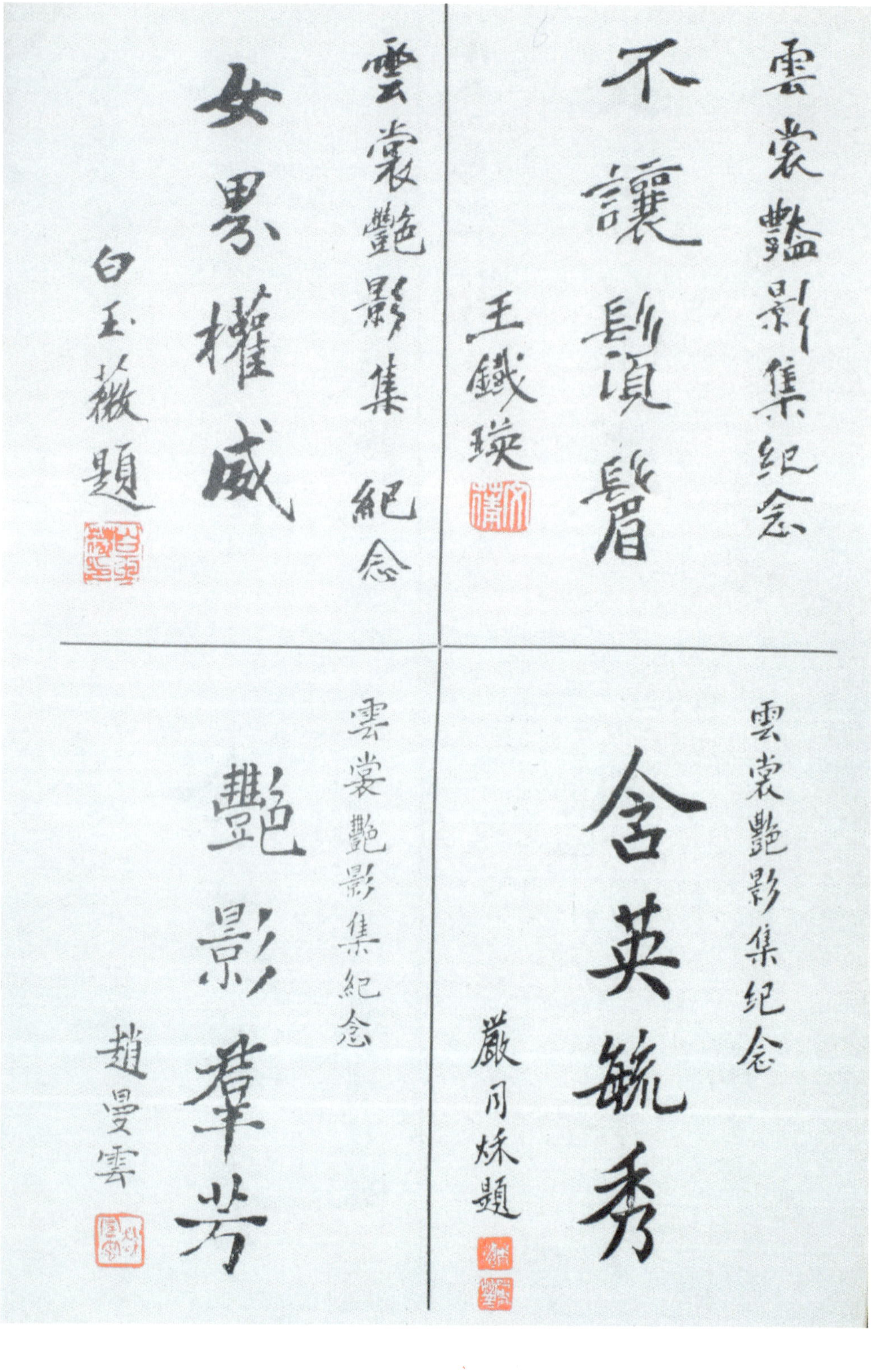

雲裳艷影集紀念
不讓鬚眉
王鐵瑛

雲裳艷影集紀念
女界權威
白玉薇題

雲裳艷影集紀念
含英毓秀
嚴月姝題

雲裳艷影集紀念
艷影羣芳
趙曼雲

四大名旦為本刊合作之祝畫

本刊主編馬琮蓮女士玉影

發刊的話

·編者·

戲劇是綜合的藝術（包有文學、音樂、繪畫、彫刻、建築、舞蹈等）亦且是一種最有力最普遍的社會教育——尤其是東方唯一古典派的平劇，牠的功效，不僅專供人們欣賞，且有提高國民道德，改善人類生活的力量，故凡從事戲劇者，其所負使命之重大，自不待言。

在目前以男子為中心的現實社會中，竟有不少新女性能不甘人後自告奮勇地來參加這種神聖事業，在戲劇界中佔有相當地位，一洗婦女界積弱無能的恥辱，這是多麼令人值得敬佩而興奮的事。

無疑的：在二十世紀服務戲劇界的坤伶們，她們底思想是前進的，學識是豐富的，藝術是優美的，品德是卓越的，而她們在普及文化教育及婦女解放運動的觀點上，那更是至善而高貴的。

由於要使每個不平凡的新女性所創造的功蹟，能永遠地劃留在光榮的國劇史頁之上，同時更為要增加社會人士的深切認識起見，所以我們今日才有這小小艷影集的貢獻。

我敢深信：在我們努力之下所誕生的這個寗馨兒，一定會得到社會上一般同志們底愛護和鼓勵的。

霓裳艷影集序

·梅花館主·

十餘年前，徐慕雲兄輯「梨園影事」一書，搜羅美備，印刷精良，銷行之暢，為他種出版物所不及。

近年以來，愛好戲劇者，風起雲湧，日益衆多，而有關戲劇之書籍，反日感寥落，除拙編「半月戲劇」一種按期出版外，欲再求其他同類之書籍而不可得，戲劇衰落歟？抑紙張印刷製版騰漲，而無人經營於此耶？

吾棣馬琮蓮女士，對於戲劇，深有研究，南北坤伶，幾無一不相識，五六年來，搜集坤伶造像達數百種，選其姿態優美未見書報者百種，刊印成書，名曰「霓裳艷影集」，紙料印刷，皆係上選，排列註述，煞費周章，茲編行世，亦足以使沉寂已久之歌壇，平添一番熱鬧，與梨園影事同為有關戲劇史料之刊物，固不僅足供茶餘酒後之把玩已也，是為序。

坤伶主席

新艷秋紅拂傳

女硯秋侯王蘭一九一八年生於故都品學兼優色藝卓越為今劇壇上唯一光芒的明星

大登殿之王寶釧

霸王別姬中之章遏雲

孟小冬定軍山之黃忠

汾河灣

鄭冰如

梁小鸞

人面桃花

梁秀娟藝擅文武名震遐邇

金碧玉虹霓關劇像

吳素秋年華二十山東蓬萊人原名吳玉蘊曾肄業戲校色藝雙絕名播南北上係霍小玉劇中之風姿

菊國美人吳素秋

四五花洞

吳素秋　王玉蓉　趙金蓉　趙嘯蘭

上海戲學書局

營業項目

改良京戲劇本
新編平劇彙刊
精印淨丑臉譜
平劇胡琴歌譜
文武場面鑼經
新舊戲目彙考
戲劇書報雜誌
古今名伶史考
南北名伶戲照
戲劇參攷用書

話劇劇本
紹興戲考
相聲一集
中曲大全
崑腔劇本
粵樂名曲
大鼓書詞
電影名歌
新大戲考
時代小調

經理

湖南毛筆公司各種毛筆

發售

中西文具・教育用品

信箋信封・新式抄本

求益賬冊・文化墨水

趙曼雲　吳素秋　張雲燕

梁小鸞　言慧珠　李金秋

白玉薇盤絲洞

言慧珠白娘子

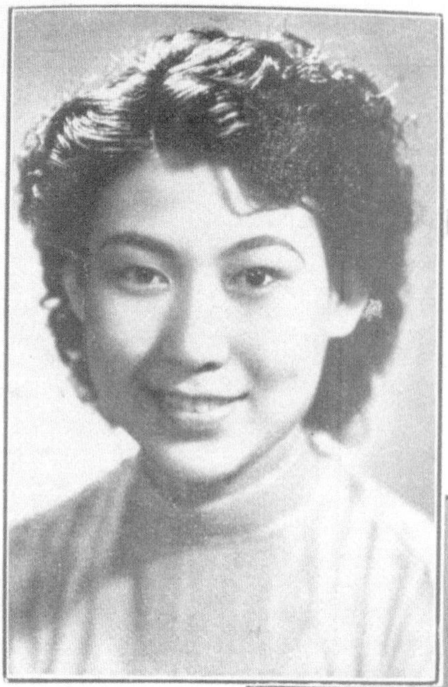

童芷苓係荀慧生弟子風姿動人極博佳譽右為紅娘之造像

美人魚李玉茹出身北京戲曲學校藝優良有「女慧生」雅謚圖即福壽鏡劇影

趙金蓉之黛玉葬花

金姝雙素

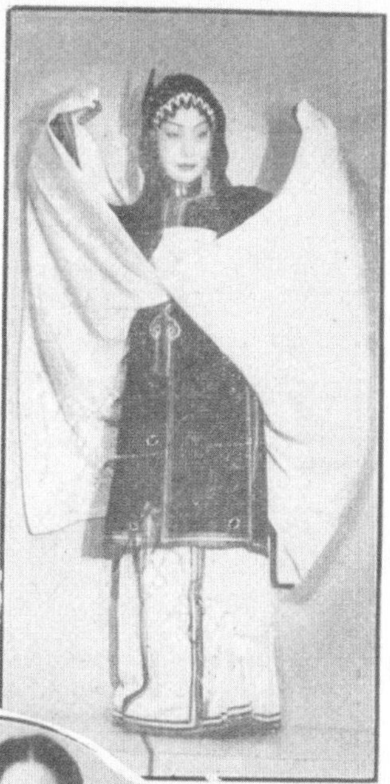

金素琴南天門

金素雯翠屏山

王玉蓉之武家坡

南北贊崇

馬艷雲 虹霓關

田菊林 寶蓮燈

孟幼冬上天台

徐東明四進士

坤生皇座

余叔岩高足孟小冬之反串坐宫劇像

新艷秋
御碑亭

章遏雲在虹霓關劇中

時代女兒張雲燕原名學珍年方二十自投老供奉王瑤卿門牆後聲名大噪上係戰宛城之鄒氏寫真

侯玉蘭

盧山真面

拾玉鐲

趙嘯瀾係尚門弟子極負時譽崑亂各戲莫不擅長上即峨嵋劍戲影

陸素娟由票友下海梅劇獨擅風華絕代名重一時人稱「天下第一美人」

于素蓮年廿三極擅花旦戲生
長西子湖畔左影係貴妃醉酒

烏龍院

王熙春與鄭冰如

寶蓮燈

李硯秀在汴梁圖之英姿

改良京戲本

編法新穎唱詞準確 ◉ 封面精印名伶劇照

馬前潑水 落馬湖 虮蜡廟 失印救火 鍘美案 回荊州 威鎮草橋 打龍袍 斷太后 投軍別窰 武昭關 文昭關 審頭刺湯 穆天王 李陵碑 法場換子 武家坡 桑園會 打棍出箱 宇宙鋒 五花洞 貴妃醉酒 南陽關 白門樓 轅門斬子 彩樓配 探陰山 王佐斷臂

釣金龜 天雷報 打姪上墳 牧羊卷 獨木關 打漁殺家 清官册 戰長沙 打鼓罵曹 梅龍鎮 汾河灣 賀后罵殿 寶蓮燈 烏盆記 賣馬當鐧 三字經 十道本 前法門寺 南天門 空城計 捉放曹 黃金台 丁甲山 目蓮救母 白良關 黑風帕 連營寨 盜宗卷

後法門寺 虹霓關 桑園寄子 硃砂痣 鳳儀亭 逍遙津 古城訓弟 翠屏山 烏龍院 龍鳳呈祥 打嚴嵩 一捧雪 霸王別姬 羣英會 販馬記 花田八錯 九更天 春秋配 三娘教子 珠簾寨 御碑亭 四郎探母 定軍山 黃鶴樓 三堂會審 女起解 蘆花河 鼎盛春秋

全部漢壽亭侯 全部王寶釧 全部玉堂春 全部盜御馬 全部四進士 全部生死恨 全部金鎖記 全部鴻鸞禧 全部斬黃袍 全部得意緣 全部二進宮 玉堂春（嫖院） 仕林祭塔 小放牛 探親相罵 連環套 大登寶殿 趕三關 嫦娥奔月 探寒窰 父女撃掌 戰蒲關 搜孤救孤 上天台 轅門射戟 洪羊洞 徐策跑城 雙獅圖

◉ 淨角戲合集（十齣） ◉ 老旦戲合集（八齣） ◉ 全部法門寺 ◉

◉麒麟童真本◉張中原主編◉

鴻門宴　蕭何月下追韓信
四進士　掃松下書。斬經堂
王寶釧　羣英會。借東風。
明末遺恨　徐策跑城。臨江驛
生死板　打嚴嵩。九更天。

◉最新詳註戲考◉劉菊禪主編◉

平劇總論　李陵碑
蘇三起解　御碑亭
打鼓罵曹　捉放曹
黃金滿台　二進宮
遊龍戲鳳　逍遙津

河南路一七六號

上海戲學書局經售

國劇韻典
新大戲考
臉譜模型
半月戲劇
十日戲劇
立言畫刊
胡琴正規
名伶世系
名伶百影
現代名伶
戲學指南
戲學顧問
學戲秘訣
學戲百法
唱戲指南
唱戲門徑

平劇歌譜
紹興戲考
越劇唱本
相聲一集
戲劇叢談
申曲大集
申曲大全
粵樂名曲
粵樂精華
臉譜畫卡
淨丑臉譜掛屏
潤喉調音丸
戲迷傳月刊
三六九畫刊
京劇淨角臉譜
陳彥衡著說譚

戲典一二三集
最新名歌曲譜
文明大鼓書詞
戲曲崑腔月刊
名伶新劇考略
平劇戲目彙考
京劇二百年史
名伶京調大全
紅鬃烈馬全集
四郎探母全集
譚鑫培全集
老副末談劇
南金戲劇號
京調工尺譜
小調工尺譜
京調歌譜一千首

改良崑劇本

佳期拷紅
春香鬧學
思凡
貞娥刺虎
遊園驚夢
絮閣聞鈴
掃花三醉
琴挑
梳粧跪池
昭君和番

樊江關中之新豔琴

雁門關

馬艷芬　王玉蓉

雁門關

馬艷芬　王玉蓉

顧正秋之春香鬧學

得意緣

黃玉華湖北人年十八係尚小雲弟子聲華郎潤後起之秀也

馬艷芬乃馬氏三艷之一亦王門弟子戲路寬濶左為兒女英雄傳之十三妹

金又琴穆天王

白素蓮西遊記

雲豔霞周姓四川人劇藝卓越聲譽極隆有「金嗓子」之譽

張文琴

蘭陵姑娘張文琴原名張懷璞係尚小雲弟子藝擅文武譽滿京滬為今南方四大坤旦之一

筱蘭芬

筱蘭芬工鬚生學伶隱極神似平日喜作男子裝上爲大登殿劇像

由綠染香改名為嚴月秋之查頭關

徐東霞花鈿錯戲像

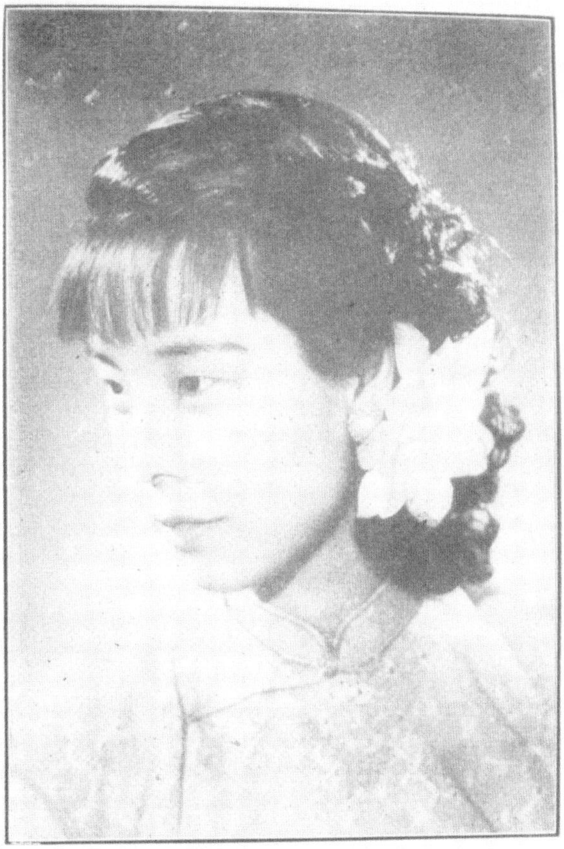

新艷秋姓王名玉華品性孤高才藝卓越風華絕代雅韻欲流曾得「坤伶主席」榮譽

章遏雲籍廣東員有「坤伶皇后」美譽貌極昳麗由老生改行王派及梅程各戲莫不擅長

梁小鸞原名梁迺鳴
年廿五從師王瑤卿

畢業於
北京戲校之
「女小雲」白玉微

顧正秋為上海戲劇學校青衣台柱年十二聰慧絕頂能戲已近百齣

貂蟬戲中之華慧麟

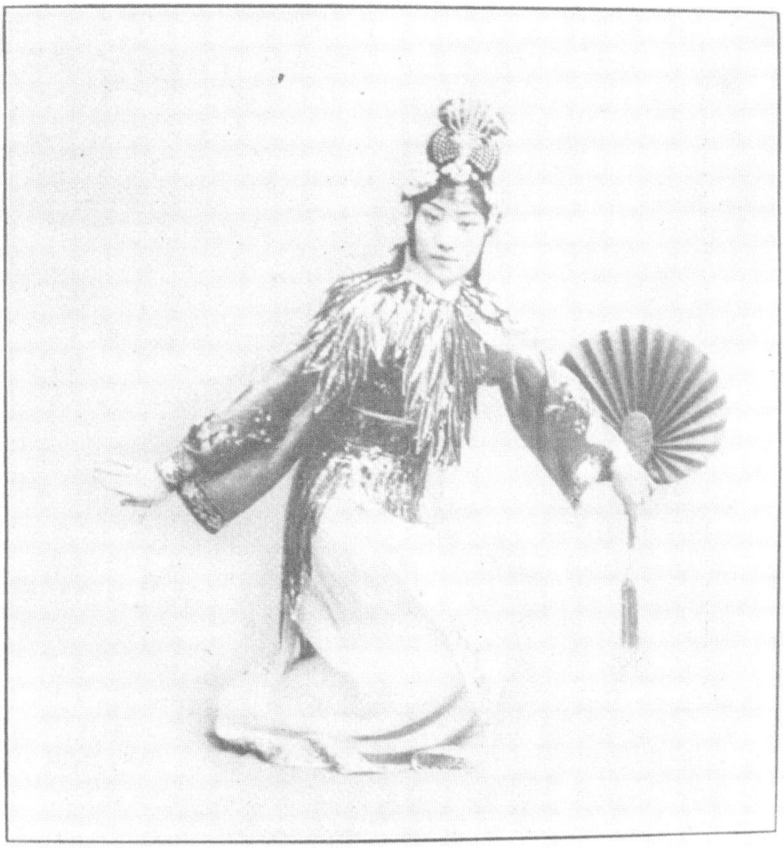

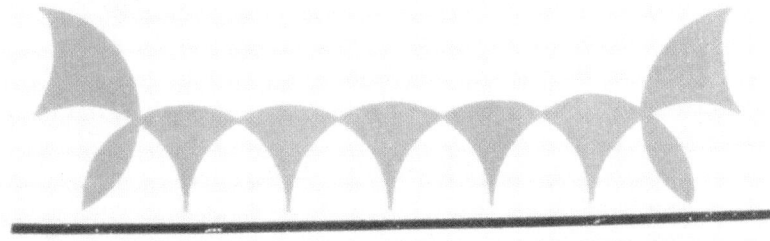

杜麗雲紅拂傳

老供奉王瑤卿之愛女王鐵瑛

冬皇胞妹孟幼冬遊戲小影

李硯秀

李雪枋

鉄嗓王玉蓉年廿八自幼生長滬濱藝術超群為古瑁軒中最光榮之女弟子

梁雯娟藍橋會

梁雯娟北京人年華二十為坤丑梁花儂次女亦即名坤旦梁秀娟之妹也

南方首席坤伶

金素琴籍杭州原名啟文係南方坤伶中最美麗前進之女藝人曾創導中華劇團色藝雙絕頗負時望

童芷苓與津門女名票近雲館主合影

雪艾琴劍俠傳

張淑嫺紅蓮寺

李桂雲潘金蓮

毛劍秋狸貓換太子

言慧珠旗籍年廿二係言菊朋次女於梅劇極有造就誠梨園中最負時譽之一大紅星也

張文涓與張雲燕

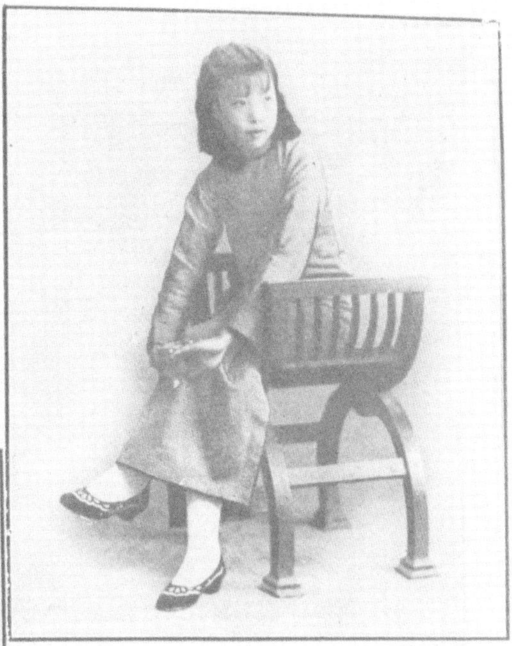

徐東霞

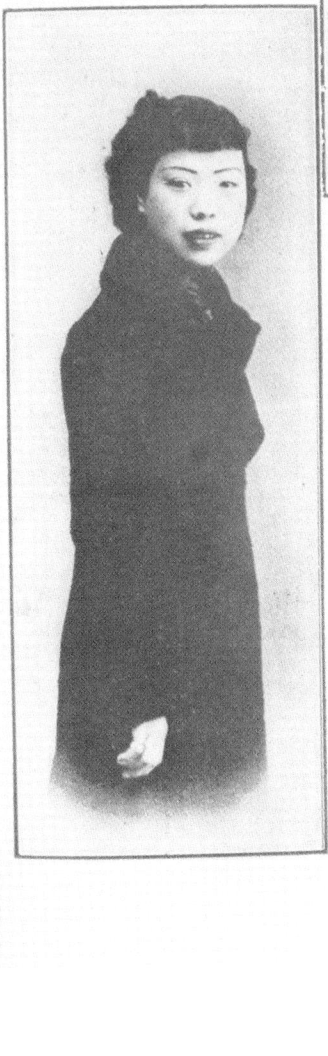

徐東明

馬豔雲

與其公子合影

女蘭芳趙金蓉畢業戲曲學校色藝均佳所至有聲

鄭冰如歷城人年廿五歲自幼在魯學戲色藝雙絕聲譽極盛梅程各戲並皆擅長

女蘭芳趙金蓉畢業戲曲學校色藝均佳所至有聲

鄭冰如歷城人年廿五歲自幼在魯學戲色藝雙絕聲譽極盛梅程各戲並皆擅長

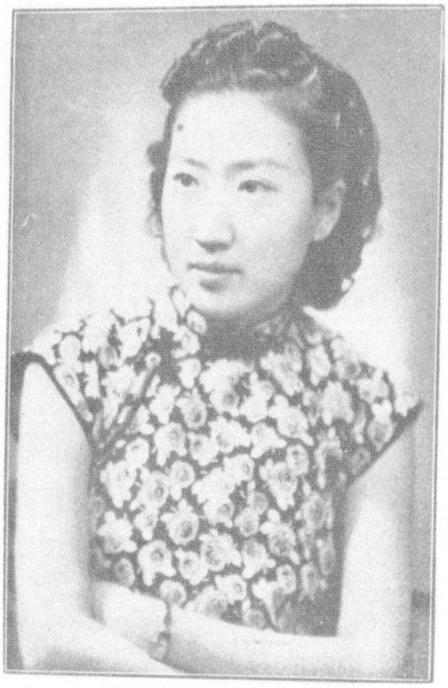

梁韻秋係荀
慧生高足精擅
書畫有閨秀風

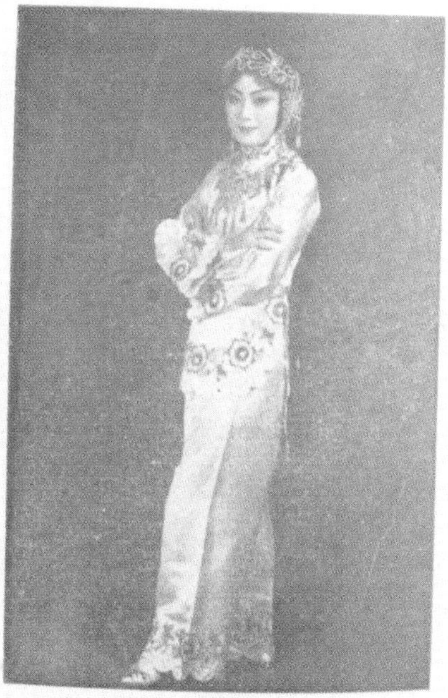

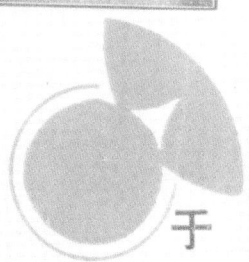

于素蓮温如玉

華慧麟上海人年廿七卽當年紅極一時之女名票華女士現仍活躍於舞台上

杜麗雲甬籍當年風頭極健名列四大名旦之一

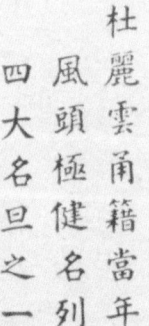

韓素秋

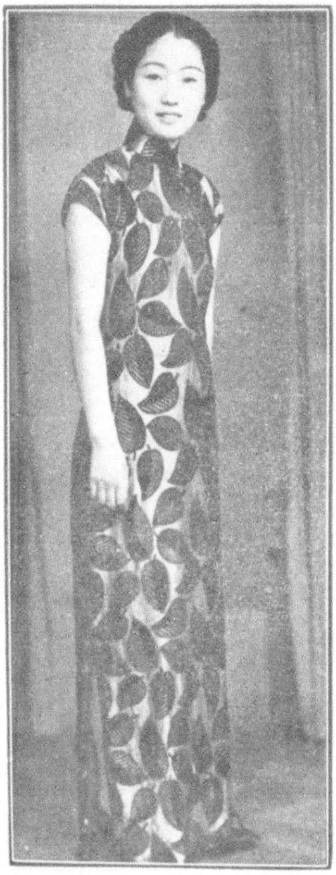

新艷琴又名海艷琴

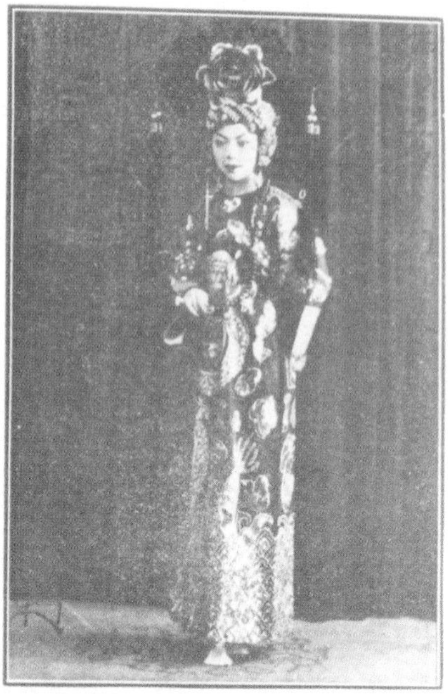

趙畹霜四郎探母

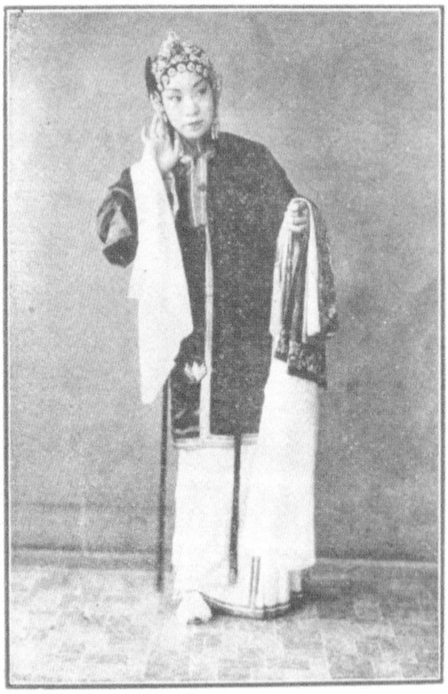

姜雲霞金榜樂

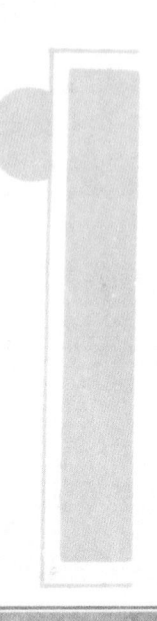

戚氏牡丹園台柱綠牡丹之蟾宮折桂

「坤伶才子」吳繼蘭之董小宛造像

遊龍戲鳳

周梅豔津產年廿五扮相秀麗表情美妙為南方名花旦之一

美素娟之人面桃花

李雪枋西遊記

82

金少寶之大泗洲城

王瑤琴之四郎探母

羣芳咸集

朱美英　王瑤琴　金素琴　于素蓮　張慧聰　雪又琴　金素雯

碧艷芳木蘭從軍

韓素秋大英節烈

民國三十一年十二月一日三版
霓裳艷影集　精裝一巨冊實價拾圓

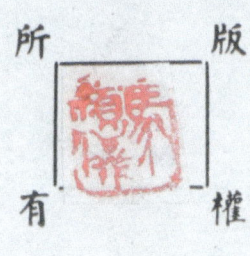

主編　馬琮蓮
助編　陳偉崙
校正　梅花館主
圖案　陳梅波
出版　家庭書社
總發行所　上海戲學書局　河南路中一七六號

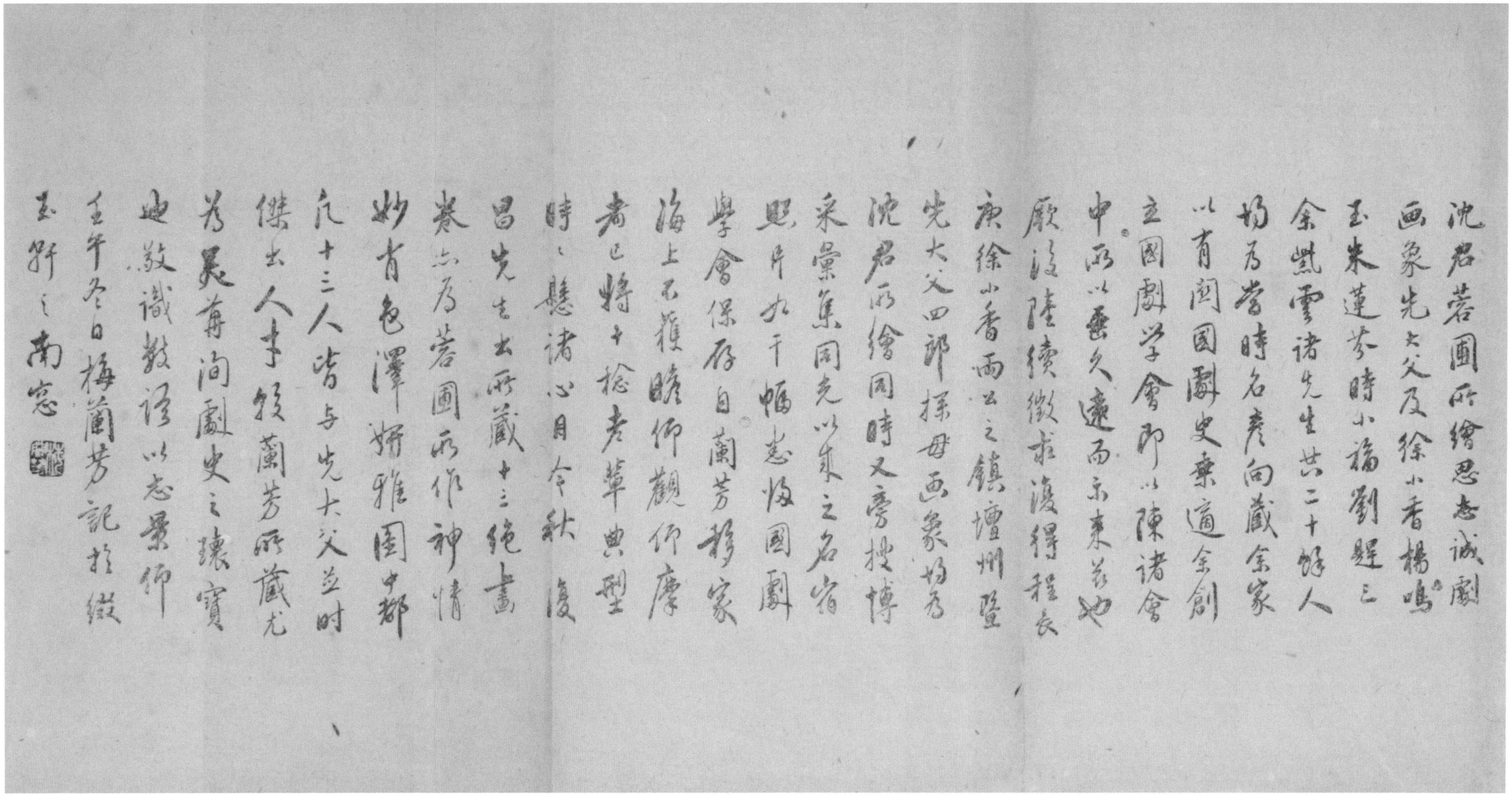

沈君蓉圃所繪思志誠劇画象先大父及徐小香楊鳴玉朱蓮芬時小福劉趕三余紫雲诸先生共二十餘人均乃當時名彥向藏余家以有關國劇史乘適余創立國劇学會即以陳诸會中所以垂久遠而示來茲也厥後陸續徵求復得程長庚徐小香兩公之鎮壇州暨先大父四郎探母画象均乃沈君所繪同時又旁搜博采彙集同光以來之名宿照片九千幅悉收國劇學會保存自蘭芳移家海上不獲晨夕觀摩者已將十稔老輩典型時時懸诸心目今秋復昌先生出所藏十三絕畫卷亦乃蓉圃所作神情妙肖色澤妍雅圖中都凡十三人皆与先大父並时傑出人才較蘭芳所藏尤為罕觏洵劇史之瓌寶也敬識數語以志景仰

壬午冬日梅蘭芳記於綴玉軒之南窗

沈蓉圃擅長寫真觀其
所繪之十三絕圖久已膾炙人
口道咸前清梨園向無戲劇
私業凡精於歌曲及音樂者
皆須供奉內廷其排演時非
且各茶肆共行研討故京師只
有茶園而無戲院不曰唱而曰
演也嘉道以還皮黃興起四大
徽班於焉成立曰三慶則程長庚
徐小香楊鳴玉楊月樓劉趕三盧
勝奎 先師譚英秀屬焉曰春台以
先祖三勝公及朱蓮芬為泰斗曰
四喜則張勝奎張二奎梅巧玲
郝蘭田暨 先君紫雲公時小福屬
焉其和春一班於一現曇花不久即
散矣以上諸前輩或工於皮黃或
精於崑曲要皆負佳譽於一時藝
苑名於當代遂有十三絕之美稱
沈君蓉圃所繪此圖維妙維肖
其關懷國劇之用心深且遠矣
先祖由湖北而至京津即與程長
庚張二奎鼎足齊名均邀 睿賞
今已渺不可追溯自茲以往劇學
衣鉢之人接替矣予生也晚其前
賢之風度雖未親炙偶聞諸師
友所稱述者尚可畧知梗概拜
觀之餘神情若接爰綴數言用
誌欽仰之忱
辛巳仲冬羅田余叔岩敬觀并記

滄桑話舊，雅奏久歇，梨園絲竹，興亡遺影猶傳。菊部圖者，朱君復昌得同光梨園先哲畫像一軸，出以示余。首長逾丈，廣可兼尺，計收楊月樓、余紫雲、盧勝奎、朱蓮芬、梅巧玲、時小福、楊鳴玉、郝蘭田、程長庚、徐小香、譚鑫培、劉趕三、張奎官十三人，繢自故清畫家沈蓉圃。沈固知名當時，傳真摘步擷西畫陰陽光線之法，而用彩筆出之，神采栩栩，各具神情，堪稱妙筆，時人譽爲十三絕。而乃展轉流徙，淪落市肆，今爲朱君所獲，不禁欣其得所。茲復影印成帙，各繫傳略，藉廣流傳，既啟後進景仰之心，復俾發揚菊部之菁，洵稱盛舉。

晚近梨園事業浸假落沒，慨先賢之遺型日衰，惜後學之所崇漸歧，先機當前，良深浩嘆。雖拯之有志，而力斷棉薄，是則有賴於識者之揄揚提攜者多矣。朱君獨鑒及斯，引爲己任，毅而爲此，殊深欽景嘉也。不才復愧疏庸，聊誌數語，以示景仰，弟應朱君之命，是爲序。

尚小雲謹識

此故家舊物也曩嘗識之
所圖都十三人皆同光間梨
園先輩負一時重名者余生
也晚僅及譚先生一人然恒
於父老行中熟聞諸人掌故
心竊嚮往焉夫諸人者又豈
止負一時重名哉或獨詣精
微或自成宗派大抵寖近乎
道且為後世典型法則流傳
於無窮者也今重攬斯圖追
儀往哲則又禁令人緬想承
平會合之盛渺不可復得固
不徒低徊景仰於十三人而已
壬午孟冬 後學程硯秋謹誌

戲曲開師長艷說同光之際
梨園盛事程譚韓英薈萃
諧精微名懷人所不能之技
故得婦孺贊歎定建基業
諦聽之餘輒緬溯前徽心
嚮往之者藉攝影之術未
興悵然由獲其廬山也
復昌社長久得同光間名手肖
像梨園十三絕畫亦資景印
以廣流傳釋觀之下如獲
凌煙閣上功臣畫影諒深
懷慕前輩開繼競媲鼓
業抑更為戲劇史上一重要
鴻爪也

壬申冬日後學馬連良謹識

十三絕圖象序

十三絕者，沈蓉圃所繪同光之際梨園先哲身負絕藝者十有三人，優孟衣冠之肖相也。尔時擷影速象之法尚昌，是諸先哲雖各以絕藝炳耀一時，流韵餘風，瞻采後世而後人仰止高山，亦祗寄情想象，未一真容，不可得也。偶有一二人興之所至，或留一鱗片爪，即已視同瓌寶。斯巨製鴻章，裒毛鄧髮，萃十三人於一帙者哉，是不特文壇之鼎彝，抑我梨園之麟閣也。乃滄桑世變，斯圖竟淪市井，其未及泯沒者，蓋幾希矣。吾友朱社長復昌，風流倜儻，適不世情於叙梨園，愛護先賢，屢譚及此，想旨惜之，幾經艱辛，卒而蒐獲，更復不自秘，惜付諸影印，妃黃儷白，原樣存來，尺度雖縮，毫髮不爽，期於廣遠流傳，藉以提倡光大國劇，遍徵題詠，遂亦問於余。細繹圖中，為生者六，為旦者五，而騰以為丑之男女者各一，皆各負絕才，為世人所樂道者。而先大父玉山公之魯大夫，巍然亦列其間。緬懷先大父之生，余雖遠存，惜有垂聲如之少非了了，以致祖德難述，今所資者，祗以家乘所傳文獻，所及者堪稱其犖犖卓節，亦可謂梨界之楷範矣，而遺留今世幸獲瞻依者，只餘斯帙，又復沈埋埃塵，幾於銷沉，幸得朱公以乃獲悠久是。朱公嘉惠梨園之情，不僅家儕盡當泥首，即九原有知，亦當同聲贊頌也。愧余不文，無以盡其言，謹表所懷，用誌欣感，即謂之序也可。

辛巳嘉平叙於宣南寄廬　程繼先拜撰